Lola la comedianta

Federico García Lorca

Lola la comedianta

Prólogo de Gerardo Diego

Edición crítica y estudio preliminar de
Piero Menarini

Alianza Editorial

© Herederos de Federico García Lorca
© de la edición crítica y del estudio preliminar: Piero Menarini
© del prólogo: Gerardo Diego
© Alianza Editorial, S. A. Madrid, 1981
Calle Milán, 38; ☎ 200 00 45
ISBN: 84-206-3074-8
Depósito legal: M. 35 537-1981
Compuesto en Fernández Ciudad, S. L.
Impreso en Closas-Orcoyen, S. L. Polígono Igarsa
Paracuellos del Jarama (Madrid)
Printed in Spain

Indice

Prólogo

Explicación previa

Creo que la necesita mi colaboración preliminar en esta edición de una obra singularísima y del más subido interés por el secreto que ha velado su existencia y por la excelsa categoría de sus dos autores en íntima e ilusionada colaboración: don Manuel de Falla y Federico García Lorca. Lola la comedianta es una farsa en un solo acto verdaderamente delicioso. No podía ser menos tañendo a dúo el pandero las manos de tan privilegiados artistas. Pero aparte de lo que a mí me parezca el tesoro que me ha caído en inmerecida suerte, hay algo que está fuera de toda duda. Un triángulo como el que aquí ocasionalmente formamos Falla, Lorca y Diego tiene que resultar desnivelado, porque uno de sus vértices, el mío, no es digno de equilibrarse con los otros dos maestros y amigos.

Estas páginas de presentación debió escribirlas alguna persona autorizada por su doble competencia en música y en poesía. Yo sé algo de poesía y muy poco y con grandes y vergonzantes lagunas de autodidactismos de música. No, no basta la afición —ésta sí vivísima y sentida muy adentro— para salir al ruedo sin la técnica adecuada, a enfrentarse no ya a algo concluso sino en proceso de formación, algo así, y para seguir el símil taurino que arriba he apuntado, que se presenta como en plaza partida, en donde uno de los dos toros puede saltar la valla y sorprender al pobre novillero que no sabe por cuál astucia acometer o a qué burladero acogerse. Es evidente que hay personas, y más de una, que pudieron realizar el estudio de esta comedia como lo merece. Yo no.

Mis buenísimas, encantadoras amigas Maribel de Falla e Isabel García Lorca tienen la culpa de todo. Sobrina la primera de don Manuel, como hija de su hermano don Germán, y hermana la segunda de Federico, acudieron para instarme a que presentase una edición facsimilar de Lola la comedianta. Argüían que yo era el más indicado para el caso, por la amistad y trato que me unió, y todavía no me lo acabo de creer, con el granadino y con el gaditano. Juntos los tres, las dos amigas y yo, y aún los cuatro con la presencia de Laura de los Ríos, nos reunimos para examinar los manuscritos que tuve la emoción de tener en mis manos y para acordar el que fuese yo designado para llevarme a casa las correspondientes y complementarias fotocopias. Mis amigas tenían la más hiperbólica idea de mis conocimientos y de mis capacidades «paleográficas». Me veían en perspectiva de casi sesenta años, cuando ellas no o apenas habían nacido y yo era un muchacho que había, sí, terminado mi licenciatura pero todavía no había cumplido los años que se requerían para firmar oposiciones. Hay una sorprendente coincidencia en mi primer conocimiento de don Manuel y de Federico. Al ya glorioso músico le vi por vez primera como espectador yo y él pianista en un concierto dirigido por Turina en un teatro de la calle de Cedaceros. La orquesta de cámara que había atraíllado el maestro sevillano tuvo efímera vida, pero al menos sirvió para popularizar un poco la música de El amor brujo. Falla tocaba en un piano vertical, naturalmente su particella. Año 1916. Sería poco después de sus dos estrenos como obra ya definitiva y completa de más amplia orquesta apta para representarse en espectáculos de «ballet» y no como sencilla «gitanería» cuyo centro era la «Danza del fin del día» bailada por Pastora Imperio en el teatro de Lara el año anterior. Los dos estrenos a que aludo son el privado de la Sociedad Nacional de Música y el público —en Price— de Pérez Casas, con su flamante Orquesta Filarmónica. El de la orquestita de Turina sería por las mismas fechas.

En marzo de 1918 muere Claude Debussy. Si me acuerdo de esta tristísima fecha es porque dio ocasión a que yo viera y además escuchara a Manuel de Falla, mas no tocando el piano sino hablando, leyendo una breve disertación: «El arte profundo de Claude Debussy». La conmemoración del mágico se efectuó en el Ateneo de Madrid. Guardo —tan bien que, de momento, no lo puedo encontrar— el programa. Tocó Arturo Rubinstein una magnífica y amplia antología de la obra debussyana, ya solo o acompañado al canto. Y hubo además la presencia y la emocionada palabra de Falla.

Pues bien, si ahora paso a evocar mi conocimiento de Federico García Lorca he de remontarme a 1919 muy probablemente o, en todo caso, a 1920. Mi memoria vacilante no puede precisar lugar y momento. ¿El Ateneo? ¿La Residencia de Estudiantes? Lo seguro es que para la segunda de estas fechas ya éramos amigos instantáneos, amistad nivelada y no de respetuosa perspectiva de edades, como en el caso de don Manuel, que me llevaba veinte años y exigía el tratamiento de «don», igual que en la relación Falla-Lorca. Pasa un año, y al mismo tiempo que Federico publica y me regala y dedica su Libro de poemas, yo escribo a Falla para participarle que en trance de explicar un elemental curso de conferencias sobre la historia de la música de piano en el Ateneo de Soria, desearía encontrar un ejemplar de su «Danza del fin del día» que no había podido hallar en librerías ni almacenes de música, aunque sí había visto en casa de Gabriel Abreu. La respuesta de don Manuel fue el regalo incomparable y para mí milagroso de una carta y un ejemplar de la «Gitanería en dos cuadros» —Manuel de Falla/ G. Martínez Sierra—, con el retrato de Pastora, creo que de Fresno, en la cubierta y las variantes respecto a la edición definitiva de Chester, con la ampliación consiguiente y el cambio de título de la «Danza del fin del día» en «Danza ritual del fuego», con algunas variantes musicales que añaden un sobreprecio a mi ejemplar de «Renacimiento». Y lo más valioso de todo, la afectuosa dedicatoria autógrafa del maestro.

Sólo pude al fin conocer y hablar largo y tendido a don Manuel de Falla en su «Antequeruela alta», en la Semana de Pasión de 1935, exactamente el 31 de marzo. No pude asistir por deberes profesionales de fin de curso al concurso del Cante Jondo, para el que muy amablemente me escribió e invitó el maestro. En todo caso, sí que hice un viaje a Madrid para ver la última temporada de los Bailes Rusos con el estreno en el Real de El sombrero. Inolvidable. Y no sé si fue en ese viaje o en otro posterior, para ensayar el Retablo en el Palacio de la Música, cuando pude conversar por vez primera o nuevamente con él.

No es propósito mío el enumerar y revivir todas mis charlas ni con don Manuel ni con Federico. El primero era puntualísimo y nunca olvidaba encabezar sus cartas con la fecha. Federico era, en este punto, todo lo contrario. Falla, por motivos de su «oficio» de músico y sus vastas relaciones internacionales, viajes, visitas anunciadas, etc., todo ello agravado por su claudicante salud, se recogía en su intimidad. El poeta olvidaba con lastimosa facilidad las citas y compromisos contraídos y, en cambio, llegada la ocasión, se derramaba, se desparramaba y conquistaba con su simpatía y su alegría vital al nuevo conocido súbitamente ascendido a amigo. Más reservado y tímido yo, no llegué a serlo suyo con la intensidad y la franqueza con que lo fueron, por ejemplo, Guillén, Ciria, Melchor o Salinas, pero sí me quería (como yo a él) en la plenitud de una honda amistad. Baste, por citar sólo un ejemplo, su respuesta rápida a mi solicitud de colaboración en «Carmen», correspondiendo así a la mía de participar en el homenaje a Soto de Rojas en Granada para el que envíe el «rarísimo» (véase la prensa) primer tiempo de mi «Fábula de Equis y Zeda». Los textos suyos fueron el hondo y, ay, premonitorio romance de «El emplazado» y luego como algo hecho exprés la «Soledad» para el homenaje a Fray Luis. Por cierto, que no he leído en libro alguno que Federico hizo un viaje a Santander en 1926, cuando yo ya había proyectado y bautizado en mi impaciencia mi revista «Carmen» con su amiga y suplemento «Lola». Y nadie, al contarlo luego él en Madrid, lo quería creer, suponiendo que era una inverosímil broma suya. Para eso era único. Son incontables las anécdotas de sucesos o textos exactamente verídicos, como podían comprobar luego los amigos y que, por su gracia para colorearlos, y mimarlos si era preciso, hacían las delicias de los que tuvieron la suerte de escucharlos manar de su fuente fabulosa. En cuanto a escapadas, viajes incógnitos para sus futuros cronistas, lecturas de inéditos ante públicos ingenuos, podría yo mencionar algunos más que no he visto reflejados. Tal la lectura juglaresca de un «Cristobica» o «Títeres de Cachiporra» en abril de 1935 —Hotel Florida, plaza del Callao, Madrid—, que presencié regocijado a mi vuelta de Filipinas y en la que pude darle mi primer abrazo después de largos meses de no vernos.

Otro tema para una deseable historia de vidas paralelas, historia que requeriría un verdadero libro y no esta apresurada presentación de una «obrecilla» —como diría Fray Luis— es la confrontación de vocaciones en el niño músico y en el poeta chaval. Sobre poco más o menos, uno y otro coincidieron en no saber qué rumbo tomar para su carrera de artistas. Manoliyo Falla dudaba entre la música y la literatura, sin contar otros juegos de párvulo, tan ambicioso que se sentía capaz de hacer él solito un periódico y de crearse una ciudad, «Colón», de la que él era descubridor, regidor y dueño absoluto. Uno y otro jugaban a armar y proveer de acciones, decorados y palabras, sendos teatrillos que los Reyes Magos les regalaban colmándoles su inmensa capacidad de ilusión. Sólo al lle-

gar a una adolescencia ya juvenil y responsable terminó el gaditano por comprender que lo suyo había de ser la composición musical y el granadino la poesía, no sin antes haberse ensayado en la oratoria sagrada ante un público tan fervoroso como el que unos años antes había reclutado en casa Gabrielillo Miró. Veinte años puede ser una propicia edad para empezar a roturar en serio un camino libremente elegido entre dos o más sendas tentadoras, mas no por eso quedaban del todo anuladas las otras infantiles vocaciones.

Yo he escrito algunos trabajillos sobre Falla y la licenciatura y he conversado demoradamente con el maestro acerca de sus lecturas y predilecciones. Alarcón, Pereda, Mosén Cinto, Góngora, San Juan de la Cruz alternaban con Debussy, Scarlatti, Beethoven, Wagner, Granados, Albéniz o Schumann en nuestras pláticas, y varios de ellos en los escritos eventuales de Falla publicados en diversas revistas, que habían luego de ser reunidos en libro por Federico Sopeña. Quizá todavía quede alguno inédito, algún apunte significativo. Algo parecido puede afirmarse de los ensayos músicos de Lorca, y no sólo como armonizador delicioso y hasta magistral de cantos populares o improvisados por él mismo sintiéndose pueblo anónimo, sino como verdadero compositor personal y culto, aunque luego rompiese esos papeles pautados al estimar que eran labor de aficionado nada más.

¿Cómo olvidar los coloquios a solas, bajo los árboles o junto al piano, siempre acordes nuestros gustos y juicios, en la Residencia o, más apartadamente en su pisito de la calle de Goya, pisito interior soleado y con jardín debajo, en que nos hemos leído versos, bromeado sobre amigos, y tocado al piano vertical preludios de Debussy o mazurcas de Chopin? Eran mañanas libres en mi calendario de clases (a las que en mi vida falté, no como alumno que hice más de una pira, sino como catedrático) en el próximo «Instituto Velázquez», allá por 1933.

Por eso me emociona tanto, al evocar nuestras fidelidades de amistad para los grandes poetas y músicos y entre nosotros mismos, jóvenes todavía pero con ilusiones de producir algo que mereciese llegar a ser, en su día, clásico, que una amiga de ambos, a la que conocí yo un poco antes que Federico, la escritora Marcelle Auclair en su libro que, traducido al español, habría de llamarse Niñeces y muerte de García Lorca, salvase este juicio tan exacto y penetrante que caracteriza la bondad y escrúpulo de Federico: «Pero cuando ose sabe qué amistad unía los poetas de este siglo de oro, Guillén, Salinas, Alberti, Altolaguirre, Cernuda, Aleixandre, Alonso, Diego, Villalón, en admiración de los unos hacia los otros, sin hablar de su común respeto para los mayores tales como Machado, Unamuno, Juan Ramón Jiménez, se comprende que García Lorca haya sufrido con un éxito del cual cada uno de ellos, según a él le parecía, era tan digno como él. La ausencia de celos y de espíritu de competencia no es una de las menores singularidades de este grupo de poetas amigos.» En efecto, rigurosamente cierto, tanto la primacía en la fama minoritaria y popular en alas del teatro de Federico como la conservación sin riñas de una amistad a prueba de rivalidades y rumbos divergentes que la vida nos iría imponiendo.

Dos cartas

Debo a la amabilidad de mis «animadoras» Maribel e Isabel el envío de dos cartas de Federico a don Manuel. Estos documentos van a servir como de puente para pasar a la presentación de Lola la comedianta, objeto único de este prologuillo, para el que las páginas precedentes me han parecido excusables y hasta inexcusables en favor de los lectores poco habituados y desconocedores del modo de proceder de los dos autores en trance de colaboración. El poeta de Granada y el maestro de Cádiz colaboraron desde el mismo momento de conocerse en Granada, 1917. Pero, sobre todo, a partir de 1921, que es cuando se van perfilando las lecciones de música y las sugestiones de poesía mutuas, a la par que se organiza el Concurso de Cante Jondo y se arman los tingladillos de teatro familiar, de los que quedan con frecuencia los textos poéticos y siempre los programas con indicaciones de las músicas antiguas o modernas, programas impresos en papeles de colores al modo de los pliegos y hojas populares y que luego se van a continuar con los de «La barraca». Todo está bastante bien estudiado y no es preciso que yo insista en ello. Tampoco sobre las «diferencias» y las «suites» de poesía con la música implícita y dentro del verso mismo que en los años alrededor de 1921 —antes y después— García Lorca hilvana y varía constantemente pensando en reunirlas en libro o libros. Algunas sí pasaron a Canciones o al Poema del Cante Jondo en ediciones muy posteriores a la fecha de su escritura. En esto también se parecían, en su gusto por la demora, la corrección y el retoque definitivo. No, en cambio, como ya advertí, en su cuidado para la fechación o no fechación, perdonable en el borrador íntimo, y no tanto en una carta. La primera está escrita en Málaga. Probablemente en 1925, aunque él habría ido ya al Mediterráneo años antes y volvería también desde Lanjarón en 1926. Nótese ya cómo piensa en bandoleros y contrabandistas, como para espolearle a don Manuel en sus trabajos músicos sobre Lola la comedianta. La carta va encabeza con una copla popular en el centro y lo alto de la página. (Conservo, claro, la ortografía.)

> ¡Viva Málaga, señores!
> viva el puente de Tetuán,
> el huerto de los claveles
> y el barrio e la Trenidad.

Queridísimo Don Manuel (maestro (en el buen sentido de la palabra)) y ((poco ancho que me pongo) colaborador): Málaga es maravillosa y ahora ya lo digo dogmaticamente. Para ser un buen andaluz hay que creer en esta ciudad que se estiliza y desaparece ante el mar divino de nuestra sangre y nuestra música.

Es imprescindible que venga V.! Ayer dimos un paseo en automovil hasta Fuengirola y lo tuve presente constantemente...! que evocación de bandoleros y contrabandistas! Creo que donde se *agudiza* más la Andalucía del siglo diecinueve es en los montes rojos que llenos de casas blancas y de campanillas azules, vibran sobre este pedazo incomparable de mar.

Adios querido don Manuel mis amigos vienen = Federiquito *vamono* a *da* un *pazeo* por la Cala = y en esta supresión *exacta* de consonantes encuentro yo nuestra gracia y perfección. Recuerdos a los amigos y en particular a Carmen (como le dice Segis). ¡Aviseme la llegada!

Un abrazo admirativo de
Federico
Muchas cosas de mi familia

La que estimo que es segunda carta está escrita desde Madrid y al ir acompañada de cartas y telegramas *que supongo escritos y firmas al pie, se puede fechar con toda seguridad en Madrid, 1926. No sé cuál sería* el antro tenebroso, *quizá el asotanado café Saboya. En el segundo párrafo no todo está claro para mí. Es evidente que el* Retablo *está ya terminado. Ya el año anterior me quiso dar a conocer algún fragmento y no lo pudo hacer por una malhadada visita que le rob ó el tiempo para ello designado.*

El tercer párrafo es maravilloso y demuestra la ilusión que le hacía vivir los personajes de Lola la comedianta, *como fantasmas que se introducen en la realidad al modo de Cervantes, Unamuno o Pirandello son sus creaciones.*

Queridisimo *Don Manue.*
¿Como siguen ustedes? Aqui todos perfectamente. Los amigos me preguntan con gran cariño por usted. El *antro tenebroso* tiene una bonita luz estos dias pero una fea gente. Ahi le mando esta carta que ha escrito el tutor de Juan Vicens sobre el asunto del Retablo. Contesteme enseguida con lo que se le ocurra de esto pero yo creo seguro su estreno en Zaragoza. Ya le escribiré dentro de varios dias dándole noticias.

Anoche y todas las noches entra Lola a verme en mi cuarto y el marqués riñe con el calesero. Cada dia me voy enamorando más de vuestra linda comedianta ¿y usted? yo espero que si. Adios querido Dan Manuel salude a María del Carmen y reciba un abrazo de vuestro amigo que mucho le quiere y respeta

como ve le envio *cartas* y *telegramas*
Federico

Aqui están los amigos que le van a saludar

Con el afecto y la
admiración de siempre
Moreno Villa

Juan Vicens
Luis Buñuel
que ha comprado
un automovil y lo
pone a su disposición.

Estos textos dúplices de los dos autores presentan la página titular que se continúa, según ha dicho, con el texto mismo, en disposición vertical, pero a partir de la segunda página adoptan la comodidad apaisada, más apta para las apuntaciones del maestro, como en los viejos libros de glosas, manuscritos medievales o, después, ya impresos, en incunables y otros que precisan fuentes o sugieren o aventuran comentarios. Pero aún hay otra particularidad que distingue a esos manuscritos de literatura glosada de proyectos, tanteos o tientos de música. Y es que lo que se propone como avance de una música inmediata no es la comedieta misma sino su acotación en prosa, una acotación dividida en escenas que se corresponden con el manuscrito lorquiano en que van los versos mismos que los intérpretes han de recitar o cantar. Ahora bien, la letra de Federico está, como es costumbre en todos sus autógrafos, llena de tachaduras, dudas, variantes que no son exactamente correcciones sino vacilaciones y que acusan el sumo cuidado que ponía en dejar «oscuro el borrador y el verso claro» (Lope dixit). A la mañana siguiente de un trabajo lírico o teatral, el prodigioso artífice se asomaba como crítico a lo hecho la víspera —una víspera que podía ser de semanas o meses y aun de años—, y para su uso particular, aunque no sintiese vergüenza de los buenos amigos que podían tomar en la mano sus papeles, escribía sobre lo escrito y rara vez borraba del todo para sepultar algo que estimase indecoroso sino que lo dejaba en entrelíneas, sobre líneas, en una palabra, palimpsesteaba·de lo lindo, todo en primer plano y, sin estar seguro de él mismo, ahí lo dejaba no más.

Lo que yo creo es que la iniciativa de la acción, al menos ya organizada escena a escena, es del poeta. Luego le toca al maestro «ponerle» música. Tal es el caso vulgar y corriente de la colaboración en zarzuelas, óperas, sainetes, revistas o farsas. Aunque no falten ejemplos del orden contrario. Adelantarse el músico a crear su partitura según un orden lógico de contrastes, alternancias, juegos de tonalidad, solos, dúos, tríos, coros, etc., y dárselo ya hecho o abstractizado en un «monstruo» al libretista para que lo rellene siguiendo la acción. Pero esto no es imaginable en la amistad y en la nivelación de inventiva y talento de don Manuel y Federico.

Y con esto debía cancelarse este prologuillo. Sin embargo, tal vez no sea del todo inoportuno el prolongarlo un poco más para subrayar algunos rasgos y más que del texto poético de la farsa y de su recordatorio en prosa, del modo de entenderla musicalmente su completador y enriquecedor don Manuel. Acabo de aludir a los repentes y demoras de Federico en sus escritos. No de otro modo procedía habitualmente don Manuel. Por eso sus fechas pueden ser y casi siempre son, no de días sino de períodos y no ya de meses sino de años. ¿Cuáles serían los años límites en sus trabajos respectivos de Lola la comedianta? *La colaboración de ambos artistas se inició muy pronto, en cuanto se conocieron en Granada. Por los papelillos en colores que anuncian las «funciones» caseras de músico y poeta, puede pensarse que hacia 1922, sobre poco*

19

más o menos, comenzaría a vivir nuestra Lola y nuestro Calesero y el burlado Marqués. A uno le recuerdan inevitablemente al Corregidor, la Molinera y el Molinero. Tuve la suerte de gozar en el Eslava la representación de la pantomima original, antes de ampliarse en orquesta grande y páginas nuevas convirtiéndose en El sombrero de tres picos para los Bailes Rusos, no sin disgusto de Falla por las excesivas libertades de Leónidas Massin y sus huestes, por otra parte grandes artistas, por él reconocidos y admirados no menos que Picasso.

El asunto es ligero y sencillo. Entre Cádiz y Algeciras caben mar, costa y serranía de la Andalucía del suroeste. Y, como Federico es de Granada, pueden vislumbrarse otros horizontes de la Andalucía central y oriental. Y hasta se alude a Inglaterra y a La Habana. De un modo u otro, relucen Ronda, Lucena y todas las Andalucías e Italias que caben en una imaginación de una inspirada Comedianta, que baila y se convierte en gitana y sabe echar la buenaventura y mezclar palabras italianas en sus bromas y desvaríos. Porque las maneras y tópicos de la ópera aparecen a cada paso y se le ofrecen en bandeja a Falla para que él elija entre los romances que ella oyó de niña, aunque sean el del estribillo «Arbolé arbolé / seco y verdé». En un viaje de novios de una comedianta y un poeta caben todos los anatopismos y anacronismos. La cosa es que ellos y nosotros, los espectadores, nos divirtamos.

Y ya que acabábamos de hacer conjeturas acerca de la fecha o fechas de composición, no puedo menos de emocionarme, sobrecogerme, ante la insistencia en el número cinco, que parece destino más que superstición de Federico. En la hoja 10 habla del Marqués: «Esa divina / mujer sin alma / parte a las cinco de la mañana / (acotación: (muy fuerte) y sigue: ¡Quien pudiera detener el alba.» Y el mismo Marqués repite en la pág. 12: «Esa divina / mujer sin alma / parte a las cinco de la mañana / quien pudiera detener el alba.»

No será preciso citar el «Llanto por Ignacio Sánchez Mejías» con la terrible obsesión «a las cinco de la tarde». Pero en Lola la comedianta *son la misma hora de la madrugada y lo remacha también el texto en prosa explicando por boca de Lorca el Calesero al Marqués: «Pues nada os puedo decir. Solo sé que nos vamos a las cinco de esta madrugada.»* Y aún en la escena última, «la gran puerta del fondo se abre y aparece la calesa sobre un fondo de pre-aurora». Un fondo de pre-aurora. Hora y luz para un llanto por Federico García Lorca.

Así que pasen cinco años *se inicia en Nueva York* —1929-1930—. *Y la lee ya concluida a los Morla en* 1931. Hagamos la suma: 31 más cinco... *Y ya que evoco esta maravillosa, profunda obra, recordaré otro olvido: su primera representación en Madrid por aficionados españoles y franceses, estudiantes en el Lycée Français. Hubo de ser hacia 1972, según mis cálculos. Y lo hicieron muy bien, con una enorme devoción y emoción para los invitados.*

Volviendo ahora la vista a la derecha para curiosear las apuntaciones de Falla, nos tropezamos nada más empezar con la «Introducción de la caña (las dos formas) y Vito (v. cello agudo) con interludios sobre el tema de la introducción a la caña. Sobre este tema musical se desarrolla toda la escena, libremente y sin que la música subraye jamás la acción». La escena a que alude el maestro es la primera de Lola la comedianta. *Y se ve desde el comienzo que Falla piensa en todo. Piensa la animación musical que va a realzar el todo escénico fundiéndolo en la más íntima unidad. Federico ha escrito lo mismo su verso. Pensando por él y por don Manuel y brindándole toda su ocurrencia genial.*

La misma compañía íntima se sucede en el resto de la escena, cuando ya empieza a presentarse la letra, porque el preludio ambiental ha creado la situación y el calor ambiente. Y Falla apunta que el Calesero debe cantar en «falsetto» *(quasi parlante sobre una nota o una 3.ª ó 5.ª).* Y «El Calesero en sus burlas y respuestas a la Comedian-

ta, imitándola cuando así convenga». Y añade: «En todos los recitados seguir la forma de los Passetti más bien que la de los recitativos».

Volviendo la vista a la izquierda y abundando en la constante del cinco, he de citar todavía otro ejemplo, también de premonición multiplicada. Falla sostenía que su número presidente era el siete. Y había observado que cada septenario tomaba un rumbo distinto. No es éste el caso de Federico. No sé yo cuándo escribiría el romance gitano de «El emplazado». Dicen que comienza a escribir su «Primer (y único) romancero gitano» en 1924. En todo caso, a mí me enviaba como primera ofrenda para mi revista «Carmen» «El emplazado» en 1927. Poco después me regalaría su oda «Soledad» en homenaje a Fray Luis de León, que no hay que confundir con la inconclusa «Soledad» de Góngora. He aludido a premonición multiplicada. Cinco por cinco = veinticinco. Pues bien: «El veinticinco de junio / le dijeron a el Amargo: / Ya puedes cortas si gustas / las adelfas de tu patio.» Y no sigo porque todos lo sabéis de memoria, y ¿cómo redundar en esos tremendos versos sin espanto? Hay todavía entre do sestrofas una cita de otro 25: «Espadón de nebulosa / mueve en el aire Santiago», exacto meridiano del plazo, ya que Emplazado se deriva de plazo. Aunque también puede venir de plaza. Federico gustaba tanto de las plazas —La noche se puso íntima / como una pequeña plaza— y cantaba plazas y plazuelas y las ponía en trance y en escena.

Pues bien, «El veinticinco de junio / abrió sus ojos Amargo / y el veinticinco de agosto / se tendió para cerrarlos». En la intimidad de plazo y plaza cerrados, no cabe ya más que la oración.

Tornemos a don Manuel y a sus compases y ritmos apuntados. También a sus dudas que ahí quedan para consuelo de todos los humildes y escarmiento de los vanidosos. «Passetto» ha de ser algo como un pasillo o modulación de camino y de carácter, por lo menos en el caso en que lo usa Falla, de scherzo. Pero, las dudas, las

duda. *Otra solución: «(Tal vez convenga un cortísimo período puramente melódico amoroso, pero con estilo andaluz — canción fines XIII).» Está clarísimo en su letra. Pero a mí me extraña tal precisión. ¿Estilo andaluz fines del siglo XIII? ¿No será distracción por XVIII? Téngase en cuenta que no se han descubierto todavía las jarchas y que fijar en plena época de Sancho el Bravo un estilo andaluz parece muy aventurado.*

Y Falla se documenta en sus clásicos. «(Ver en Falstaff, págs. 245 y 46, que interrumpen el Pasetto*). Id., id., páginas 45-6.» Ha de ser una partitura de la suprema ópera de Verdi octogenario, no sé si total o de piano y canto. Lo cierto es que un genio como el de Verdi puede interrumpir el pasadizo para volver a tomarlo luego como la cosa más natural del mundo. Y si algo le gusta a Falla es la música natural, como le gustaba a su maestro Pedrell. El cual aparece en la siguiente nota para el* Romance. *«¿Estilo Paño-Pedrell o estilo castellano (andante)?» El Paño, canción popular a la que alude, supongo que será el mismo «Paño moruno» que abrirá la preciosa serie de* Siete canciones populares españolas, *una de las más bellas y fecundas obras de Falla. No tengo a mano el «Cancionero» de Pedrell para comprobarlo. De todos modos, téngase en cuenta que no se trata en* Lola la comedianta *sino de un romance original de Lorca, precedido del estribillo del «Arbolé». Es el de «La niña del bello rostro / está cogiendo aceitunas» que figura en el libro «Canciones», Málaga, 1927. Véase el autógrafo en el que sirve de base para la escena V, y cómo está lleno de variantes.*

No termina con la pregunta sobre el estilo la duda metódica de don Manuel. Lo que sigue en párrafo aparte es aún más expresivo. «Tal vez convenga este último (el estilo castellano) como contraste con la música anterior. Tal vez convenga unir los dos estilos. De todos modos, hay que volver (terminando el Romance*) a la música del comienzo, haciendo cadencia final.» Admirable preocupación y resolución ya para este presente e inmediato por-*

venir ésta de unir los dos estilos y, por encima de ellos, la letra y la música y también e lsilencio y el espacio teatral, escénico, con la poesía. Ir a parar al reposo de la cadencia natural, cerrando así un período arquitectónico, pues que la música es arquitectura sucesiva, es otra y quizá la más permanente y esencial del arte de componer música. Falla es en este punto dogmático y desde sus obras juveniles ya responsables hasta la «Atlántida» se ha de atener a esta «naturaleza» de la música, que no excluye el diálogo y contraste entre dos estilos simultáneos cuando el asunto lo justifique.

No es partidario tampoco de que la música se calle. Y la anotación que sigue lo confirma. Comprende que el texto en prosa y el diálogo por él explicado en la escena VI pide reposo en la música. Y por ello la escena irá casi sin orquesta y sólo de cuando en cuando debe apoyar con acordes el recitativo. Reposo no es, pues, silencio absoluto. Y marca la distinción entre los dos estilos de los dos personajes. Que el Marqués hable en estilo de recitativo, y el Calesero en el estilo andaluz ya indicado en la escena primera.

En la escena VII el diálogo se entrabla entre el Marqués y el Calesero. Tonterías en la letra que deben reflejarse en la música. Y Falla lo precisa apelando no sólo a las palabras sino a los dibujos pentagramáticos: rouladas, escalas, arpegios, síncopas (aquí un dibujo con el acento sincopado, anhelante, pero en broma, no en romántico), mucho sí, sí, sí, ah, ah, ah, no, no, no, diálogos con flauta, clarinete, etc., y parodia del acompañamiento italiano (otro dibujito de una base en arpegio ascendente repetido sol-do-sol) del andante y cavaletta, para rematar en un final que prepara la cadencia con nota alta tenida cuya resolución corta el pregón (gritado) del Calesero, pregún que ya había indicado Lorca en un encuadre a la derecha, metiéndose en el área del músico —«Pregón del calesero» y «Melones a cala»—. La verdad es que no puede llegarse a más en la unanimidad y servicio y adivinación

24

recíproca de «libretista» y «musiquero». ¡Vaya condignos compadres! Y, por supuesto, la labor de ambos se entrelaza en las voces de solistas e instrumentos superpuestas: milagros del teatro musical que Federico sabía un poco desde fuera y don Manuel desde dentro y el uno y el otro, tras haberse quemado las pestañas en la lectura y estudio de las partituras más o menos insignes. La escena siguiente es la de la comedianta disfrazada de gitana, la de la buenaventura. La prepara la música de la Mari Juana y sus elementos melódicos son siguiriya, caña y soleá: la flor y nata del cante más jondo y a la vez susceptible de baile que ya amenaza alzarse con el protagonismo. Falla apunta también «estilo Galianas Yerbabuena». Al llegar al trance de la moneda, no se puede contener y metiéndose ahora en el terreno del compañero interrumpe y sentencia: «Esto es muy importante y hay que subrayarlo. La moneda dada por el sujeto es absolutamente necesaria para decir la buena ventura.» Sabía un rato largo de estas cosas don Manuel. Pero ¿acaso se le hubieran olvidado a Federico? En el Sacromonte y en las murallas y puertas de Cádiz el rito venía respetándose desde hacía siglos. Y, si no, dígalo Cervantes.

Y con la escena siguiente, numerada según los dos aures, 10'' u VIII, o sea, la del Trío, en que llega la complicación al extremo posible en piececita tan sencilla, van a seguir los elementos anteriores a los que se une (Calesero) el de la seguidilla serrana (en la lejanía Ronda), aunque —medita Falla— tal vez convenga al empezar realmente el trío volver a la Marijuana, si bien transformada. O acaso convenga el Paño-Pedrell (si antes no se ha usado) o la Tirana o Pablillos (cante y bailes del repertorio más añejo), o probablemente mejor que todo eso, hacer el trío con estilo de las canciones de París, etc. Y el Marqués con frases de la cavatina. Vaya berengenal en que, cuando se ponga de acuerdo consigo mismo, se va a meter el bueno de don Manuel. Y que Mozart le proteja, maestro supremo de conjuntos, cada quisque con su alma y la del músico concordando todos los opuestos. Qué pena que Falla no haya dejado escrito o al menos esbozado este Trío.

Por de pronto Falla ya ha dispuesto, y escrito, para que no se le olvide, que aunque conservando cada personaje su estilo individual, psicológico y músico, han de ir durante el trío con «valores iguales en acorde las tres voces». La parodia del Marqués irá en estilo italiano y forma de Cavatina y en seguida la orquesta volverá al scherzo de las primeras escenas.

Y se entra en la escena del Desvarío. «Nuestro héroe —explica Federico— canta poniendo arroyuelos, aurora y pajarillos y saltando de alegría le detiene la fingida solterona cubana.» Nuevo motivo de habanera brinda el poeta de los «sones» al músico pianista de la «Cubana». Para el cual debe ser un momento muy corto, del mismo estilo, y todavía piensa en otra complicación —¡Carnaval de Venecia!—. Pero todo va a arreglarse, menos la desesperación del Marqués con la burla tras la ilusión de viajar juntos en la calesa. Ella se quita la peluca. Convence a su marido poeta que no tenga celos y escribe la carta. El dúo ahora va a ser estilo Pergolese.

Es ya el final. Falla, que está en todo, glosa en cuanto el muchacho de la venta le entrega la carta al burlado «e inmediatamente cierra la puerta. Hasta que cae el telón se oyen las voces de los novios sobre el fondo de las campanillas». Y don Manuel se convierte en poeta libretista y ordena:

> *Ella canta:* Ya suenan las campanillas,
> mi calesero ha llegado
> con su sal y su sandunga.
> *El:* su marsellés remendado...

Las voces y las campanillas se alejan. Sobre este fondo el Marqués lee la carta, etc., y cae el telón.
Todavía tiene la música la última palabra:

Final. «*Entrada de las voces en canon y seguidilla final —corta— pidiendo el aplauso y el perdón por las muchas faltas.*»

Tal es esta farsa en un solo acto, más rica de toda clase de elementos poéticos, musicales, escénicos y tan graciosos como honda en sus espacios mágicos y sonoros. Nos llega sin realizarse más que en una proyección futura siempre aplazada por las circunstancias, pero prodigiosa en su unidad y en la armonía de una colaboración sin par. No crea que la haya en toda la historia del arte teatral. Wagner se entendía muy bien con Wagner y las deficiencias o grandilocuencias del poeta se cubrían con las inspiraciones del músico. Verdi se arreglaba muy bien con Arrigo Boito, mejor libretista que compositor. Y Mozart con poetas de segunda fila trenzaba sus dramas y comedias divinas. Pero ver por dentro *cómo trabajan y se ponen de acuerdo* un gran poeta y un músico excelso y mutuamente barajan sus terrenos, es un milagro del que sólo, y precisamente por quedar incompleto, podemos gozar en su plenitud. Y ahora soy yo el que pide perdón por mis muchas faltas.

Gerardo DIEGO

Lola la comedianta

Advertencia

El texto que presentamos es una reconstrucción filológica que ha sido necesario realizar, ya que Lorca dejó incompleta la redacción de la versión definitiva del libreto que presentamos en la presente edición con la denominación: manuscrito F. Al poseer además dos guiones completos en prosa nos ha sido posible obtener las partes que faltaban y recuperar las escenas XII, XIII y última. De este modo el texto obtenido es completo, si bien «irregular», ya que deriva del montaje de materiales pertenecientes a dos fases creativas operativamente distintas, pero cronológicamente próximas.

Por los motivos que el lector podrá ver examinados en el estudio y descripción de los manuscritos, hemos considerado oportuno utilizar el guión indicado como manuscrito C en lugar del posterior (ms. D), como hubiera sido más lógico, ya que este último es sólo una copia apresurada y descuidada del precedente, redactada por el mismo Lorca más bien como plan de trabajo.

El texto presentado es, pues, el que resulta de la integración del ms. F con la parte final del ms. C.

P. M.

Venta andaluza entre Cádiz y Algeciras. Noche. Son las doce menos veinte y tres. En la escena hay varias personas, una vieja, un campesino. A la izquierda el Marqués de X está escribiendo. En la mesa donde escribe hay un velón de Lucena. Aparece un muchacho de la venta con un farolito y se dirige a la puerta atrancándola. Poco a poco van desapareciendo todos los personajes menos el Marqués que, abstraído, escribe lentamente.

Escena I

MARQUÉS.   Amigo, vuelvo a Cádiz
             al fin tras larga ausencia.
             Dejé mi melancolía
             en los nublos de Inglaterra.
             Mi destierro fue largo,
             pero ahora la vieja
             Andalucía me ofrece
             sus flores abiertas.

             (*Suenan campanillas lejanas que se van acercando hasta que se detienen en la puerta.*

Fuertes aldabonazos. Sale el chico de la venta malhumorado con el farolito y abre la enorme puerta por la que aparece una calesa amarilla, pintada con enormes flores rosas y hojas verdes, sobre un espléndido fondo azul de noche y tranquilas estrellas.)

Escena II

(Baja de la calesa una señora sobre la rodilla del Calesero. Entran.)

CALESERO. *(Al criado.)*
Guarda la calesa
y da un pienso al caballo.
Nos hemos de partir
todavía estrellado.

(El Marqués cesa de escribir, retira la silla de la mesa, se frota los ojos y se va levantando lentamente. La Señora, mientras el Calesero habla con el Criado, mira fijamente al embobado joven y observa el fulminante efecto que le ha producido. El Calesero nota estas miradas y sonríe. En este momento entran los dos al patio interior. El Marqués los sigue, pero el Calesero vuelve la cabeza, y el Marqués, avergonzado, coge el velón y se va a su cuarto. La escena queda iluminada por la luna.)

Escena III

(Aparece en escena corriendo Lola, y el Calesero detrás, como persiguiéndola.)

Recitativo

LOLA.   *(En broma.)*
No está bien que un calesero
a una gran dama persiga.
(Corre.)

CALESERO.   ¿Y si esa dama es su esposa?

LOLA.   *(Cogiéndole la mano.)*
¡Oh, la cuestión ya varía!

CALESERO.   ¿Cuántos días hace?

LOLA.   Cuatro.

CALESERO.   ¡Luna de miel, burla y sonrisa!

LOLA.   ¿Cómo te va con tu disfraz?

CALESERO.   *(Poniéndose serio.)*
¡Señora, os sirvo a maravilla!

LOLA.   *(Riyendo y echándolo los brazos al cuello.)*
Yo comedianta y tú poeta
vamos tejiendo de burlas y risas
nuestro gracioso viaje de bodas
por esta tierra verde y amarilla.

CALESERO.   Yo, calesero que anima el caballo.

LOLA.   *(Infautada, cogiéndose las faldas y dando la vuelta como un pavo real.)*
Yo, gran señora de categoría.

CALESERO.   *(En broma, inclinándose.)*
¡Con vuestro permiso, pagante marquesa!

LOLA.   *(Poniéndose estirada y haciéndose aire con un enorme abanico azul.)*
Decid, ¿qué queréis?

CALESERO.   Una preguntita.
¿Por qué mirabais tanto
al petimetre que escribía?
(Señala la mesa.)

LOLA.   *(Riyendo.)*
             Ese joven será esta noche
             la víctima
             de mi juego de comedianta
             seria y fina.
             ¡Oh, ya verás qué burla
             más divertida!
CALESERO.   Temo que sea demasiado.
LOLA.   Me vengaré además. El otro día
             dirigiste requiebros en Ronda
             a una dama.
CALESERO.   *(Riyéndose.)*
                       ¡Mentira!
             (Aparece el Marqués.)
             Vámonos, ya está aquí el petimetre.
LOLA.   Mis miradas son dos cuerdecitas.
             (Se van.)

Escena IV

*(Viene el Marqués inquieto con un libro en
la mano y el velón en la otra. No puede dormir porque está intrigadísimo por aquella
desconocida dama. Suspira fuertemente y se
sienta para leer. Aparece la Comedianta con
un candelabro en la mano.)*

LOLA.   ¡Empieza la comedia!
             (Se acerca muy despacito al Marqués.)
             Caballero.
             (Aparte.)
             (De pluma y tintero.)
MARQUÉS.   *(Dando un respingo.)*
             ¡Señora!
             (Aparte.)
             (¿Es verdad lo que veo?)

36

LOLA.   Perdonad. ¿Me dejáis
            encender el candelero?
            Esta noche hace mucho
            viento.
MARQUÉS.   (*Como encantado.*)
            ¡Oh, señora!
            (*Aparte.*)
                        (¡Oh, ninfa! ¡Oh, cielo!)
LOLA.   (*Enciende el candelero.*)
            ¿Qué lee usted?
            (*El Marqués le alarga el libro. Ella lee.*)
                        Un Romance.
MARQUÉS.   ¿Lo cantáis?
LOLA.   (*Seria y cómica.*)
                        ¡Silencio!
                  Arbolé arbolé
                  seco y verdé.

            La niña del bello rostro
            está cogiendo aceitunas.
            El viento, galán de torres,
            la prende por la cintura.

            Pasaron cuatro jinetes,
            sobre yeguas andaluzas,
            vestidos de azul y verde,
            con largas capas obscuras.

            «Vente a Córdoba, muchacha.»
            La niña no los escucha.

            Pasaron tres torerillos
            delgaditos de cintura,
            con trajes color naranja
            y espadas de plata antigua.

            «Vente a Sevilla, muchacha.»
            La niña no los escucha.

La niña del bello rostro
sigue cogiendo aceitunas,
con el brazo gris del viento
ceñido por la cintura.

Arbolé arbolé
seco y verdé.

MARQUÉS.   *(En éxtasis.)*
             Muerto quedo de amor.
LOLA.   Adiós, caballero,
             (de pluma y tintero.)
             (Se va.)
MARQUÉS.   ¡Oh, la niña de rostro bello!

Escena V

*(Entra el Calesero y se dirige hacia la puerta
donde se supone está la calesa.)*

Recitativo

CALESERO.   *(Aparte.)*
             Mi mujer se ríe como
             una niña de seis años.
MARQUÉS.   Chsssssst... Oiga.
CALESERO.   *(Aparte.)*
             No oigo. ¡No!
             (Sigue andando.)
MARQUÉS.   Chssssssst...
CALESERO.   Señor, ¿deseáis algo?
MARQUÉS.   *(Confidencialmente.)*
             ¿Quién es esa dama que traes en calesa?
CALESERO.   Lo ignoro en absoluto.
MARQUÉS.   ¡Oh, rabia!

CALESERO.	No es extraño.
	Yo vengo desde Ronda con ella; pero creo que es una gran señora.
MARQUÉS.	*(Impaciente.)*
	¡Entérate!
CALESERO.	Nos vamos a las cinco sin falta.
MARQUÉS.	*(Nerviosísimo.)*
	¡Pregúntale su nombre!
CALESERO.	*(Yéndose.)*
	Señor, dejadme en paz con cien mil de a caballo.
MARQUÉS.	*(Detrás.)*
	Os daré veinte onzas y todos mis cintillos.
CALESERO.	*(Recalcando.)*
	Nos hemos de marchar todavía estrellado. *(Se va.)*

Escena VI

(El Marqués queda desoladísimo. Viene corriendo hacia las candilejas.)

MARQUÉS.

¡Oh, qué amor funesto el mío!
Ni su nombre decir puedo.
¿Rosa? ¿Rita? Tengo miedo
de esta noche singular.
Ya la adoro hasta la muerte.
Por tu culpa, donna fría,
cesará la vida mía,
de mi cuore el palpitar.
  ¡Ah!
  Sí, sí, sí, sí,
  no, no, no, no.
De mi cuore el palpitar.
Ella parte (yo me muero)
a las cinco (no es posible.)

Ved mi amor irresistible,
noche, tierra, cielos, mar.
¡Ah!
(Tira el velón al suelo.)
Mi amor irresistible,
¡noche, tierra, cielos, mar!

Escena VII

Dúo

(Al ruido aparece el Calesero. Trae un velón encendido.)

CALESERO.   Melones a cala.
(El Marqués saca un revólver y el Calesero lo detiene.)
¡Oh, señorito,
tened más calma!
¿Queréis decirme,
por Dios, qué os pasa?
Vuestros gritos inundan la casa.
MARQUÉS.   Más todavía,
si pudiera gritar, gritaría.
Esa divina
mujer sin alma
parte a las cinco
de la mañana.
(Muy fuerte.)
¡Quién pudiera detener el alba!
CALESERO.   ¡Es un dolor
derrochéis vuestra voz de tenor!
¡Oh, señorito,
todas las damas
como serpientes
tienen escamas!
¡Recordad la dichosa manzana!

MARQUÉS.   Vino derecha
            a mi pecho la terrible flecha.
CALESERO.   Vea su merced
            cómo, por qué
            salto y rebrinco
            por el airé.
            Yo a mujeres jamás adoré.
MARQUÉS.   Yo, calesero,
            a sus pies rendí capa y sombrero.
CALESERO.   Y salga usted,
            y salga usted,
            que lo quiero ver
            brincar y dar saltos,
            ¡por el airé!,
            haciendo burla de esa mujer.
MARQUÉS.   Toda mi vida
            de sus labios está suspendida.
            (*Pianísimo y como recordando con desespe-*
            ración.)
            Esa divina
            mujer sin alma
            parte a las cinco
            de la mañana.
            ¡Quién pudiera detener el alba!
            Vino derecha
            a mi pecho la terrible flecha.

Escena VIII

BUENAVENTURA

(*Aparece la Comedianta disfrazada de gi-*
tana.)

Recitativo

LOLA.   (*Aparte.*)
            ¿Estaré bien disfrazada?

La primera comedia que
represento de gitana.
(*Se acerca al Marqués y le toca en el hombro.*)
Levantá esa cabeza,
que yo voy a adiviná
el por qué de esa gran pena.

MARQUÉS.   Gitana, dejadme en paz.
LOLA.   Yo soy capaz de contaros
las arenillas del mar.

MARQUÉS.   Infeliz. ¿Tú sabes algo?
LOLA.   Su vida entera, señó,
con engaño y desengaño.

MARQUÉS.   Falsa eres cual tu raza.
LOLA.   Venga esa mano, señó.
MARQUÉS.   Toma, deprisa y te marchas.
LOLA.   Señó, dame una monea.
MARQUÉS.   (*Infatuado se la da.*)
¡Ya me lo temía yo!
LOLA.   (*Santiguándose.*)
Jesús alabado sea.

Cuatro caminitos tienes
en la parma de la mano.
No me quisiera yo echá
por ninguno de los cuatro.

La malvarrosa está triste
porque no derrama oló;
tú estás triste, pero tienes
de estarlo mucha razón.
(*El Marqués se inquieta.*)

Por tus cravos de oro fino,
Jesús de Santa María,
(*La Comedianta hace como si sintiera mucho lo que lee.*)

jamás ninguna mujer
te dirá esta boca es mía.
(El Marqués se agita.)

Jincaíto de rodillas,
aunque fueras too de prata,
las mujeres más perdías
te han de gorvé las espardas.

MARQUÉS. *(Gritando.)*
Gitana farsante y necia,
¡vete o te parto esta silla
en mitad de la cabeza!

LOLA. ¿Tengo yo la curpa
de que os juyan las mujeres?

MARQUÉS. *(Furioso.)*
Vete presto, hembra impúdica.

LOLA. *(Gritando con las dos manos en la cintura.)*
Marderío mardería,
la tarántula te pique
esa lengua de judío.
*(Va a salir rápida y se tropieza en la puerta
con el Calesero.)*

Escena IX

Trío

CALESERO. *(Guasón.)*
¿Dónde vas tan deprisa,
la niña gitana?

LOLA. El señor me despide
con malas palabras.

CALESERO. Ese hombre no tiene
ojos en la cara,
o quedó ciego al verte,
morenita.

LOLA.   ¡Gente de futraque,
               Jesús nos valga!

MARQUÉS.   Si yo tuviera tres
               corazones, tres almas.
               Estarían ardiendo
               en honor de esa dama.
               Un solo corazón,
               ¡ay!, y una sola alma
               son demasiado poco
               para mis tristes ansias.
               A las cinco, a las cinco,
               ¡Dios mío!, de la mañana.
               (Desesperado.)
               A las cinco, a las cinco,
               ¡qué terribles palabras!,
               ¿dónde caminará
               mi señora enigmática?
               ¡Muerte, ven a llevarme
               antes de que ella parta!

CALESERO.   Cuidado, brava hembra,
               de no pisar la trampa.

LOLA.   ¿Qué es esto, calesero?
               Me salva el ser gitana.

CALESERO.   Nunca honró mi calesa
               una mujer tan guapa.

LOLA.   Las pobres no podemos
               viajar como madamas.

CALESERO.   Estás maravillosa
               con esas flores graná.
               (Se acerca a cogerla.)

LOLA.   *(Corriendo.)*
               Quita allá. ¡Qué vergüenza!

CALESERO.   Espérate.

LOLA.   *(Deteniéndose.)*
                              A distancia.

CALESERO.   *(Acercándose rápidamente para cogerla.)*
               Si este señor te echa,
               te vienes a mi casa.

LOLA.   ¡Qué atrevimiento!
CALESERO.   Niña.
LOLA.   Idos al cuerno.
           (Se encierra y da con la puerta en las nari-
           ces al Calesero.)
CALESERO. ¡Ingrata!
           ¡Oh, qué amor tan desolado!
           Yo me retiro a un convento.
           Ardo a fuego, fuego lento,
           por esa mujer sin par.
                      ¡Ah!
                 Sí, sí, sí, sí.
                 Fuego lento,
           por esa mujer sin par,
                      sin par,
                      sin par,
                      sin par.
MARQUÉS.   *(Saltando.)*
           Esto es mucho cuento, ¡oiga!
           ¿Por qué os lamentáis tan fuerte,
           si antes despreciabais tanto
           el amor y las mujeres?
CALESERO. *(Fuerte.)*
                      ¡Ah!
                 Sí, sí, sí, sí.
                 Fuego lento,
           por esa mujer sin par,
                      sin par,
                      sin par,
           por esa mujer sin par.
MARQUÉS.   Sufre, sufre como yo.
           ¡El amor es un infierno!
           Habla pronto, di, responde:
           ¿Vas a los toros del Puerto?
CALESERO. Yo me retiro a un convento.
           Ardo a fuego, fuego lento,
           por esa mujer sin par,

sin par,
sin par.
(Se va, contestando por señas.)

Escena X

*(El Marqués se mesa los cabellos, se lleva
las manos al corazón y mira la hora que es.
Como sonámbulo coge el velón y se dirige a
su cuarto; cuando va a salir por una puerta,
se tropieza con la Comedianta. El Marqués
alza los brazos en cruz.)*

Recitativo

MARQUÉS.	¡Ah! ¡Ah! ¡Ah!
LOLA.	Caballero
	(de pluma y tintero.)
MARQUÉS.	Madamita
	(¡oh, ninfa! ¡oh, cielo!)
LOLA.	Os vi desde mi cuarto.
	Esta noche no duermo
	y decidí bajar
	a pediros el bello
	romance que os canté
	para copiar sus versos.
MARQUÉS.	Este libro y mi vida,
	señora, todo es vuestro.
LOLA.	El romancillo tiene
	para mí viejos recuerdos.
	Lo canté cuando niña
	y me encanta volverlo
	a encontrar.
MARQUÉS.	¡Oh, señora!
	(Inclinándose.)
LOLA.	Yo me voy a las cinco.
	Antes tendréis en vuestro
	poder el libro.

46

MARQUÉS.	¿Os vais?
	Temprano, según veo.
LOLA.	Voy a Cádiz. ¿Y vos?
MARQUÉS.	También a Cádiz, si tengo
	sitio en la diligencia.
LOLA.	En mi calesa un asiento
	está libre. ¿Lo queréis?
	(Señalando el libro.)
	Favor por favor.
MARQUÉS.	*(Loco.)*
	Sí, quiero.
LOLA.	Adiós, pues, hasta las cinco.
	(Se va.)
MARQUÉS.	Señora mía, ¡hasta luego!

Escena XI

(El Marqués da un salto enorme y empieza a correr por la escena silbando el Carnaval de Venecia.)

MARQUÉS.   ¡Ninfas! ¡Cielos! ¡Nubes! ¡Hadas!
Cantad mi felicidad.
¡Ya me marcho! Ella es mía;
mía, mía, ella será,
será,
será.

(Se va a su cuarto silbando.)

Escena XII

Saltando de alegría camina a su cuarto, cuando lo detiene la señora solterona cubana.

Ésta le ruega melosamente que se desafíe por ella, pues ha sido ultrajada, ella que es una niña inocente.

—Oh, caballero, desafiaos por mí y dadme una prenda vuestra que me indique que así lo vais a realizar.

El Marqués puede darle un anillo, y ella le coge la mano y le da las gracias al estilo de su país, cantándole una habanera amorosísima que termina desmayándose en sus brazos. El Marqués vuelve a su desesperación..., pero el Calesero, que ha estado asomándose durante toda la escena por puertas y ventanas, sale rápidamente y quitando a la cubana de los brazos del Marqués, deja a éste libre, que se va rápido hacia su cuarto con el alma ligera y lleno de alborozo.

Los dos amantes se dirigen lentamente hacia una salida, pero en cuanto desaparece el marqués, ella da una repolaina, se quita la gran peluca y ríe.

Escena XIII

El Calesero llama al chico de la posada y le dice:

—Prepara la calesa que nos vamos inmediatamente.

Ella contesta:

—¿Qué es esto? —y ríe.

Él dice:

—Se terminó la burla del calesero, basta ya de bromas. Ella ríe y ríe hasta que al fin exclama:

—¿Pero vas a tener celos de ese currutaco? Verás lo que voy a hacer: le escribiré una carta... Tú vete a vestirte, que esto terminará bien.

El poeta se va a vestir, mientras ella escribe la carta. Fuera se oyen poner los collares al caballo de la calesa. Vuelve el marido de caballero, y ella se la lee.

Ríen los dos y viene el chico. Ellos le dan la carta encargándole que se la entregue al Marqués cuando hayan partido. El Poeta mete prisa a su mujer para que aligere a vestirse, y ella se va.

Escena última

Sale el Marqués de su cuarto con dos bultos por los que asoman espadines, bastones, etc., etc.

El Poeta también lleva dos bultos de viaje.

Los dos se miran extrañados.

El Poeta se molesta, pues la cosa se complica.

La gran puerta del fondo se abre, y aparece la calesa sobre un fondo de pre-aurora.

Sale la Comedianta alegre y se extraña un poco de verlos juntos; pero tiene una decisión y, acercándose al Marqués, le presenta:

—Mi marido —y a su vez presenta al Marqués—. ¿Viene usted por fin con nosotros?

—Señora —dice el burlado Marqués casi sin habla—, en la calesa no cabemos los tres.

Se le caen los maletines, y los amantes rápidos y para evitar cualquier cosa, montan en la calesa y se van cantando.

El Marqués avanza como loco hacia la puerta y vuelve mesándose los cabellos. El muchacho de la venta le entrega la carta, y al abrirla salen la moneda y el anillo. La lee en alta voz y se cae desplomado en una silla.

Telón especial

Madrigal

La orquesta continúa, y aparece ella por un lado para dar las gracias; luego aparece él y por último el Marqués que cantan el madrigal final.

TELON DEFINITIVO

Estudio preliminar
por
Piero Menarini

1

El problema de la fecha

Uno de los problemas que presentan los numerosos manuscritos de *Lola la comedianta,* después del de su ordenación, obviamente es el de llegar a una datación. Los documentos a los que es posible hacer referencia no son muchos y, como veremos, no todos seguros; no obstante, nos permiten llegar a una fijación cronológica bastante segura y, en un cierto sentido, sorprendente.

Como se sabe, Lorca y Falla se conocieron en 1919, durante una de las breves estancias que el maestro efectuó en Granada antes de establecerse allí definitivamente, hacia la mitad de agosto del año siguiente. A partir de esta última fecha las relaciones entre los dos son numerosas y constantes, sobre todo porque, como nos refiere Mora Guarnido, los contertulios del «rinconcillo» iban frecuentemente a casa del maestro, por la tarde, y estaban allí hasta la noche, hablando y escuchando a Falla mientras tocaba el piano [1]. Al final de estas sesiones, el

[1] J. Mora Guarnido, *Federico García Lorca y su mundo,* Losada, Buenos Aires, 1958, págs. 156-8.

músico se despedía siempre de sus huéspedes, casi como un rito, con la ejecución de «la inefable *Habanera* de Iradier y el incomparable *Carnaval de Venecia*»[2]. Notamos estos dos trozos, porque los volveremos a encontrar, no por nada, en *Lola*.

El mismo Mora refiere un episodio importante: «Hubo también intenciones de una colaboración más directa [entre Lorca y Falla] que no cuajaron porque el ritmo de trabajo de ambos era muy distinto. Falla, lento y pausado; Federico, enérgico y como a saltos. Una tarde, en el jardín de la casa de la Antequeruela Alta, Lorca leyó un boceto de ballet galante, no tanto en el estilo del *Sombrero de tres picos* como en el de las comedias versallescas de Valle-Inclán (que a Lorca le gustaban mucho) y al compositor le gustó muchísimo el asunto, susceptible desde luego de realizarlo. Pero... don Manuel estaba entonces *metido* en la tarea del *Retablo de Maese Pedro* y no podía distraerse en otra cosa. Se desistió de aquello, como de tantas otras iniciativas»[3].

En el relato de Mora no aparece ningún indicio de título y más bien habla de «ballet galante» que no de un guión para ópera cómica. Sin embargo, nos preguntamos si verdaderamente no pueda tratarse de una primera idea de nuestra operita, en cuya escena los tres personajes se mueven realmente con la prontitud, la agilidad, el ritmo y la escansión de un ballet.

No es sorprendente que Mora, pensando en las dos últimas composiciones de Falla, o sea *El amor brujo* y *El sombrero de tres picos,* que precisamente cita, haya definido por analogía la propuesta de Lorca como un ballet. Lo que quizá nos habría ayudado a dar una respuesta a la duda, hubiera sido alguna indicación acerca de la fecha de este suceso, pero el cercano biógrafo, que no la recuerda, honradamente no indica ninguna. Sin embargo, la referencia al hecho que Falla estaba «metido»

---

[2] Carta de Falla a Lorca fechada 1 de febrero de 1924, cit. en J. Mora Guarnido, *ob. cit.,* pág. 158.
[3] *Ibíd.,* pág. 159.

en la composición del *Retablo* nos ayuda parcialmente. Efectivamente sabemos que el maestro trabajó en ello desde 1919 a 1922: excluyendo por lo tanto los primeros dos años —el año 1919 porque Falla todavía no residía en Granada y el año 1920 porque una propuesta de colaboración presupone normalmente mayor confianza y acuerdo que los sólo cuatro meses y medio de trato que Lorca tuvo a su disposición (de los que hay que quitar las estancias del poeta en Madrid)—, no quedan más que los años 1921 y 1922. Esto nos acerca al período que se puede considerar de mayor colaboración entre los dos, es decir al comprendido entre 1922 y 1923, como resulta del epistolario Lorca-Falla, Lorca-Fernández Almagro y, claramente, por los hechos: festival del Cante Jondo (1922), representación de títeres en casa de los Lorca (1923), otros proyectos relativos a los títeres (1922-1923), etc.

En una postal fechada 2 de marzo de 1923 Lorca escribe a Falla: «El lunes terminé (ya tranquilo) *una cosa* (Enigma)». Naturalmente el misterio de Lorca no puede ser revelado con seguridad; pero una vez más nos preguntamos si la referencia a la «cosa» apenas realizada no pueda ponerse en relación con el libreto de *Lola* que, como veremos a continuación, debía haber pasado ya de la fase de proyecto a la de estudio y realización. Naturalmente podría también referirse a algo en relación con los títeres, pero por la postal que sigue veremos cómo es más probable que la alusión se refiera precisamente a la colaboración que nos interesa.

Pasamos ahora de los datos conjeturales e hipotéticos a los postivos. El 8 de mayo de 1923 Lorca escribe a Falla, que en aquel momento se encuentra en París, una postal en la que entre otras cosas se lee: «Nuestro asunto marcha perfectamente. Hice una nueva versión del romance para que usted elija. [...] ¡Cómo siento no poder estar con usted en la ciudad y *(sic)* santa y en toda la maravillosa Italia! Pero como yo espero que nuestro proyecto se acabe, ya tendré el enorme placer de visitarla en su compañía»[4]. De las palabras de Lorca se deducen varios hechos: 1) el *asunto* está ya en marcha desde hace algún tiempo; 2) Falla claramente posee ya su copia del guión; 3) Lorca está trabajando ya en el libreto, que poco a poco somete a la aprobación del maestro. El romance del que se habla no es otro que el famosísimo «Arbolé arbolé», perteneciente a la escena V en todos los manuscritos de la que existe efectivamente una versión precedente a la «definitiva» del ms. *F.* Típica de la personalidad, del temperamento y de la exuberancia de Lorca es la conclusión de la postal, en la que él ya se ve en broma visitando los mayores teatros del mundo, en compañía de Falla, siguiendo la *tournée* de la obra.

En la primera quincena de agosto del mismo año, Lorca escribe de nuevo a Falla: «¿Ha pensado usted mucho de lo nuestro? Creo que debemos resolver en seguida el dichoso trío y el final para que usted se ponga a trabajar tranquilamente»[5]. De tríos en *Lola* hay dos: el primero en la escena VIII (de todos los manuscritos) y el segundo como cierre de la obra. Ya que el primero había sido previsto e indicado por Lorca desde el inicio —tanto que Falla ya había anotado escrupulosamente la escena en cuestión en el ms. en su posesión— se debe suponer que la carta haga referencia al segundo trío, decidido al contrario durante la colaboración y probablemente por Falla, ya que en el ms. *C,* el redactado para el maestro, Lorca no lo menciona, mientras que en el ms. *D* (que, recordamos, es una copia del precedente que tiene en cuenta también las indicaciones escritas y orales de Falla) se encuentra: «Trío ante telón».

La carta, por lo tanto, es importantísima, porque nos demuestra con toda evidencia el avanzado estado del trabajo y, como veremos en otra parte, el método seguido

---

[4] Postal publicada por M. Hernández, «García Lorca y Manuel de Falla: una carta y una obra inéditas», *El País,* 24 de diciembre de 1977, pág. IV.

[5] F. G. L. *Obras completas, (O. c.),* Aguilar, Madrid, 1977[20], II, pág. 1195. La fecha de 1922 es errónea.

por los dos colaboradores que, de hecho, parece se encuentran ya a mitad del trabajo y con vistas a la solución de las dificultades de la segunda mitad, evidentemente discutida ya hasta el final. Por otra parte, ¿qué significa «resolver [...] para que usted se ponga a trabajar»? Falla podrá ponerse a trabajar, es decir, a «componer», sólo cuando esté en posesión del libreto, aunque no completo o definitivo. Por lo tanto, Lorca se debe encontrar ya en una fase avanzada y espera, una vez en posesión de todas las indicaciones de Falla que faltan o no han sido concordadas todavía, poder llegar pronto al término de la parte de su trabajo, que es la preliminar en cuanto libretista.

La respuesta de Falla a la carta de Lorca no se hace esperar. Efectivamente, está fechada el 18 de agosto de 1923 y dirigida a Asquerosa, donde se encuentra el poeta veraneando. Después de un inicio chistoso, en el que el músico dice que es necesario «encontrar la definición exacta de la cuarta dimensión», pasa a hablar de *Lola la comedianta:* «Después de resuelto tan importante asunto, nos ocuparemos del Trío y del Final y de todo lo que sea preciso... Por cierto que me han escrito de Cádiz que no se encuentran por ninguna parte los Sainetes de don Juan del Castillo. No los he pedido yo a Madrid porque mi hermano está en el Norte, pero los creo indispensables para nuestro asunto. He encargado los libretos de *Falstaff* y del *Barbero,* que nos serán también utilísimos»[6].

Las palabras de Falla confirman ampliamente cuanto se ha deducido de la carta precedente de Lorca, es decir, que la colaboración está en marcha y que ambos colaboradores, cada uno por cuanto le concierne, están trabajando en el proyecto: Lorca, escribiendo el libreto de las partes ya concordadas; Falla, ocupándose de todo cuanto concierne al aspecto musical. No sabemos para qué punto de la obra habrían sido necesarios los sainetes de Juan Gonzá-

[6] Carta inédita de Falla a Lorca. Damos las gracias a M. Hernández que amablemente nos la ha facilitado.

lez del Castillo, mientras que por cuanto se refiere a *Il Barbiere di Siviglia* se puede suponer que exista un nexo con la *cavatina* citada por Falla en las acotaciones relativas a las escenas VIII y X del ms. en su posesión. Sin embargo, por lo que se refiere al *Falstaff,* no hay dudas, ya que su utilización está ampliamente indicada por Falla en correspondencia con el final de la escena IV y el comienzo de la siguiente. Se debe notar que tanto las acotaciones inherentes a la *cavatina,* como las del *Falstaff* aparecen claramente añadidas en un segundo momento. De lo que deducimos, por una parte, que los libretos (o mejor dicho, las partituras) pedidos llegaron efectivamente y, por otra parte, que las acotaciones de Falla no son todas ni contemporáneas ni progresivas.

A finales de verano de 1923 Lorca escribe una brevísima carta a Adriano del Valle en la que le informa que «ahora estoy en una finca de mi padre, acompañado del maravilloso Falla [7]». Indudablemente, es en este momento cuando Lorca y Falla vuelven a discutir sobre su obra. En efecto, durante el verano Lorca había estado ocupadísimo en la composición de «una serie de *romances gitanos*» y había «terminado el primer acto de una comedia (por el estilo de Cristobicas) que se llama *La zapatera prodigiosa* [8]», además de la redacción de la primera versión de *Mariana Pineda* y de la revisión de las *Suites.* Se había encontrado también en Granada con Falla, pero en aquella ocasión el argumento tratado había sido la segunda sesión de los títeres de Cachiporra que nunca fue realizada, a pesar de que el maestro estuviera tan ilusionado en el proyecto.

Terminado el verano reanudan, con energía, los trabajos para el libreto de *Lola,* de tal forma que en octubre escribe a Fernández Almagro: «Trabajo casi todo el día en la obra poemática que hago con Falla y creo que pronto estará terminada para poder seguir mi *Mariani-*

---

[7] *O. c.,* II, pág. 1100. La fecha 30 de septiembre es errónea.

[8] Véase carta a M. Fernández Almagro fechada en julio de 1923, en *O. c.,* II, pág. 1127.

ta... [9]» Ya que el epistolario con «Melchorito» representa una especie de diario de Lorca desde 1920 hasta por lo menos todo el año 1928, podemos estar seguros de cuanto arriba queda dicho, o sea, que es a partir de finales de septiembre cuando el poeta se vuelve a poner a trabajar *materialmente* en la composición del libreto.

Siempre al mismo amigo y casi once meses más tarde, en agosto de 1924, Lorca escribirá: «Dentro de días, Falla el angélico pondrá sus manos sobre mi operita. Espero que nos divertiremos mucho, pues el asunto tiene juego y gesto, que es lo necesario en todo poema teatral [10].» Por lo tanto, durante poco menos de un año el silencio absoluto sobre *Lola:* ni siquiera una alusión en algunas de las cartas del ya nutrido epistolario lorquiano. Se puede decir incluso que ésta sea la última referencia hasta ahora conocida acerca de la colaboración Lorca-Falla y, sin duda alguna, es la última en la que resulte que se está trabajando en ésa.

En efecto, *Lola la comedianta* volverá a aparecer citada, por el mismo Lorca, en una carta a Falla de 1926, en estos términos: «Anoche y todas las noches entró Lola a verme en mi cuarto y el marqués riñe con el calesero. Cada día me voy enamorando más de vuestra linda comedianta, ¿y usted? Yo espero que sí [11].»

El tono de la carta no nos parece dejar espacio para muchas hipótesis. La definiríamos como una llamada, la última, que el poeta dirige al músico para que vuelva a considerar con la misma ilusión y el mismo amor un proyecto que parecía, años antes, cercano a llegar felizmente a una conclusión.

Se trata del intento extremo de provocar la recuperación de tanto trabajo y de tantas energías y, al mismo tiempo, también de la necesidad de Lorca de saber si el material acumulado para *Lola* esté perdido irremediable-

---

[9] *O. c.,* II, págs. 1133-4.
[10] *O. c.,* II, pág. 1137.
[11] *O. c.,* II, pág. 1200. Dudamos sobre la fecha atribuida a la carta que, además, contiene algunas transcripciones erróneas.

mente, ya que en este caso no todo deberá meterse en el olvido de un cajón. En efecto, durante el verano de 1926, Lorca está preparando los materiales para la próxima publicación de *Canciones*. Es más, en el verano escribe una carta al mismo Fernández Almagro por la que se comprende que el libro está ya terminado e incluso con dedicatorias [12]. Pues bien, una de estas canciones, escritas entre 1921 y 1924, como se lee en el frontispicio, es el famoso «Arbolé arbolé».

Aún más límpido es ahora el significado profundo de la carta a Falla: Lorca está seleccionando y revisando los textos que incluirá en el libro y piensa, con razón, que el romance de *Lola* sea significativo del período que cubre la colección. Si la obra no se va a hacer, debe saberlo con seguridad para poder disponer de ella. Evidentemente la respuesta del maestro, que ignoramos, o la ausencia de respuesta, le dice que el proyecto se debe considerar ya irrealizable. «Arbolé arbolé» entra así en *Canciones* y *Lola la comedianta* entre los muchos papeles que contienen trabajos inconclusos de Lorca.

En la última carta que se conoce de Lorca a Falla, fechada en julio de 1927 y escrita mientras el poeta está trabajando con Dalí en la escenografía de *Mariana Pineda,* se lee: «Ya hablaremos de todo esto [el decorado de Dalí] y de varios proyectos que tengo y quizá logren interesarle. [...] Esto me produce una extraordinaria alegría y me demuestra las muchas cosas que se pueden hacer y *que debemos hacer* en Granada [13].» Es obvio que la carta no tiene nada que ver con *Lola,* pero, de todas formas, nos parece interesante como demostración de que Lorca, a pesar del resultado negativo de la precedente colaboración, no renuncia a la idea de implicar al maestro en ulteriores proyectos. Se notará que se trata de

---

[12] Cfr. *O. c.,* II, págs. 1150-1. En enero de 1927 Lorca está corrigiendo las pruebas del libro. (M. Laffranque, «Bases cronológicas para el estudio de F. García Lorca», en I. M. Gil, *Federico García Lorca,* Taurus, Madrid, 1973, pág. 423.)

[13] *O. c.,* II, pág. 1202.

proyectos declarados como «granadinos», que recogen un ámbito en el que Falla ya se había dejado arrastrar más de una vez. Lorca, en sustancia, ha abandonado la idea de colaboraciones «internacionales» con el músico (v. la alusión chistosa a la *tournée* italiana de *Lola*) e intenta estimularlo con otras propuestas, no menos válidas, pero indudablemente de menor interferencia con la actividad «principal» de Falla. Ninguna alusión a la operita abandonada, pero el subrayado de lo *«que debemos hacer»* suena inevitablemente como un benévolo y respetuoso reproche.

Tratando de sacar una conclusión sobre la documentación examinada precedentemente, nos parece, a fin de cuentas, que se puede afirmar que el proyecto, por lo menos en su fase de realización, puede fecharse, aunque con una cierta aproximación. Todos los datos nos llevan a situar en 1923 el trabajo de redacción del libreto (ms. *F*). Sabemos con seguridad que el 8 de mayo Lorca había llegado por lo menos a la escena VI y en octubre estaba ya probablemente concluyendo cuanto hoy poseemos, es decir, el desarrollo de la «prosa» hasta la escena XII.

Más difícil es fechar con seguridad los mss. precedentes (*A, B, C, D*), o sea, las diferentes redacciones de los guiones. Pero, incluso aceptando la hipótesis de que si no poseemos referencias al respecto es porque se han perdido, y admitiendo que Lorca haya trabajado con extrema lentitud (lo que no resulta estudiando los mss. mismos), no nos parece posible remontarnos más allá del año 1922.

Por lo que concierne, en fin, a la carta a Almagro de agosto de 1924, creemos que no hay duda que se refiere únicamente a Falla, es decir, a la música, y no a Lorca, que se había anticipado con respecto al maestro en doce escenas. Pero hay que sañalar también que, aunque Lorca escriba en 1924 que pronto Falla «pondrá sus manos sobre mi operita», en realidad el maestro no hizo nada. La prueba de esto nos la proporcionan los mismos mss.: tanto el ms. *F* como las acotaciones de Falla en el ms. *C*, terminan exactamente en el mismo punto. Lo que significa que Lorca interrumpe la redacción del libreto en el momento en que empiezan a faltar las indicaciones del maestro, como es obvio. En efecto, el folio 8 del ms. en posesión de Falla trae sólo dos acotaciones genéricas, y el folio 9 ninguna, mientras que el folio 10, donde se encuentra el final cor el trío, está enteramente anotado (ya sabemos por qué). Si el trabajo de Falla, la composición, podía iniciarse en cualquier momento, visto que el libreto ya estaba preparado parcialmente, el de Lorca estaba y permaneció bloqueado.

Resumiendo, se puede entonces decir que *Lola la comedianta* tiene dos fechas diferentes: más restringida (1922-23) la que se refiere a la redacción de los guiones y del libreto; más dilatada (1922-24) la relativa a la participación de Lorca y Falla en el proyecto, individualmente o en colaboración. Dicho período podría extenderse como máximo a 1921, si es en esta época cuando Lorca leyó a Falla «el boceto de ballet galante», como nos refiere Mora, y si dicho ballet, naturalmente, puede ser identificado como primera idea-versión (que ciertamente no se encuentra entre las que poseemos) de *Lola la comedianta*.

2

La colaboración

Desde el momento en que, caso privilegiado, estamos en posesión de casi todo el material concerniente a las diretes fases operativas de Lorca y que para la intermedia, poseemos también las acotaciones de Falla, es decir, podemos conocer su participación creativa, consideramos útil tratar de reconstruir las vicisitudes de la colaboración. Esto nos permitirá, entre otras cosas, aclarar ulteriormente cómo se ha llegado a la ordenación o.·gánica de los manuscritos.

Digamos, en primer lugar, que estos mss. resultan, una vez clasificados y numerados, reagrupables en tres haces que corresponden a las tres fases creativo-operativas seguidas en la redacción de los textos, desde el primer guión hasta el último fragmento del libreto. Primera fase: mss. *A+B* y *C;* segunda fase: mss. *C* (con notas de Falla) y *D;* tercera fase: mss. *E, F* y *G.*

El primer ms., que como se ha dicho llamaremos *A+B,* nos hace suponer que Lorca no propone a Falla la realización de una idea que ya tenía casi realizada, sino que empieza a escribir el primer guión de *Lola la comedianta,* o mejor dicho, de *La comedianta* en esta fase, expresamente para el maestro. Una prueba de esto constituye el *verso* del folio 8, donde se lee entre paréntesis: «para la copia dejar margen y así poder hacer acotaciones»; es evidente que las acotaciones son las que hará Falla. En sustancia, desde el ms. *A+B* Lorca es ya libretista y está trabajando para Falla, con quien debe haber tenido anteriormente coloquios y acuerdos precisos. Si la relación entre los dos colaboradores no hubiera sido la que sabemos que fue, se podría decir que Falla había *encargado* a Lorca la «prosa» del futuro libreto.

Redactado este primer guión, en forma bastante irregular y todavía con diversas vacilaciones, pero no obstante esto ya preciso en el plano general, Lorca redacta el ms. *C,* o sea, el ejemplar para Falla. No se trata simplemente de una copia, ya que Lorca, además de corregir todas las imperfecciones gramaticales y sintácticas que, por la prisa, se le habían escapado en el primero, elige entre algunas de las variantes que había dejado abiertas e introduce otras, aporta algunas modificaciones y detalla mejor las situaciones: en sustancia, da al guión un aspecto determinado que ciertamente no podía poseer el primero. Como había decidido, deja en blanco la mitad derecha de cada folio para permitir al maestro que anote todo lo necesario para empezar a establecer la música del texto.

Con esta redacción termina la primera fase del trabajo, la realizada por Lorca solo. A partir de este momento, en efecto, él trabajará siempre con Falla y escribirá sólo después de haber tomado con él los acuerdos necesarios para la redacción del libreto. Sin duda alguna los contactos entre los dos colaboradores en la fase de estudio del guión por parte de don Manuel debieron ser múltiples y profundos. Pudo ocurrir también, y quizá es cierto, que Falla examinara y anotase las escenas por cuenta propia y que solamente a continuación las comentara y discutiera con Federico; pero también es cierto que en algunos casos Lorca parece estar presente, por ejemplo cuando vuelve a copiar el manuscrito que tiene el maestro.

Es evidente que después del inicio de los trabajos conjuntos Lorca se da cuenta de que el guión que tiene en sus manos, la primera redacción malamente esbozada, no puede ser suficiente como base para desarrollar el libreto; entonces decide copiar nuevamente el ms. usado por Falla utilizando, además del propio texto, incluso las acotaciones *no musicales,* es decir, textuales y escénicas del maestro, que efectivamente se encuentran integradas, adoptadas en el cuerpo mismo del ms. *D.* Y dicho trabajo de copia en limpio Lorca lo efectúa evidentemente en casa del músico y mientras continúa a discutir con él. Sólo de esto puede derivarse el carácter apresurado de la redacción (que presenta errores innumerables, palabras saltadas, *lapsus calami,* olvidos, etc.) y la presencia, en la copia, de variaciones, aunque leves, que no aparecen en las notas escritas por el maestro. La distracción, pues, impera en el ms. *D,* pero es evidente que la mayor preocupación de Lorca consiste en transcribir en la nueva copia sobre todo las indicaciones escritas de Falla (v. nueva subdivisión de las escenas) y sus sugerencias orales (v. trío final).

A partir de la escena XI, como ya se ha dicho, se interrumpe el trabajo del maestro —por supuesto con la variación de la originaria escena IX en XI y la introducción de una nota—; no obstante, Lorca decide continuar la transcripción, quizá porque sabe que por un cierto tiempo no se encontrará con el maestro y prefiere tener en mano otra copia completa. Pero, extrañamente, en vez de volver a copiar más o menos exactamente las partes correspondientes del ms. *C,* hace una especie de resumen que aumenta progresivamente en concisión, hasta llegar al último folio, donde hay concentradas casi tres.

Cotejando la última escena de los tres mss. en prosa nos podemos dar cuenta tanto de cómo Lorca ha redactado progresivamente las diferentes fases de los guiones, como de por qué quiso completar incluso el último, a pesar de que Falla no hubiera terminado todavía su propio trabajo. (Los textos que siguen están obviamente en la versión depurada.)

ms. *B*	ms. *C*	ms. *D*
Escena última	Escena última	

Sale el marqués de su cuarto con maletines, etcétera. El poeta también trae maletines. Se miran extrañados. El poeta se molesta, pues la cosa se complica. La gran puerta del fondo se abre y aparece la calesa sobre un fondo de pre-aurora. Aparece ella radiante y se extraña de ver a los dos juntos. Pero tiene una decisión y acercándose al marqués le dice: «Mi marido.» Y a su vez presenta al marqués. «¿Viene usted por fin con nosotros?» «Señora —dice el marqués—, no cabemos los tres en la calesa.» Se le han caído los maletines, y ellos se dirigen cantando y se van. El marqués avanza como loco	Sale el marqués de su cuarto con dos bultos por los que asoman espadines, bastones, etc. etc. El poeta también lleva dos bultos de viaje. Los dos se miran extrañados. El poeta se molesta, pues la cosa se complica. La gran puerta del fondo se abre, y aparece la calesa sobre un fondo de pre-aurora. Sale la comedianta alegre y se extraña un poco de verlos juntos; pero tiene una decisión y, acercándose al marqués, le presenta: «Mi marido», y a su vez presenta al marqués. «¿Viene usted por fin con nosotros?» «Señora (dice el burlado mar-	El calesero dice: «Se acabó la burla, ¡vámonos! ¿Y qué hacemos?» Dice ella: «Le escribiremos una carta. Ve tú a vestirte.» Ella escribe la carta y va a vestirse. El calesero da la carta al chico de la calesa. Ruido de campanillas, gran movimiento y vanse. Al sentir las campanillas, asoma el marqués. Le entregan la carta con la moneda y el anillo. Grito. *Final.* Trío ante telón.

hacia la puerta y vuelve mesándose los cabellos. El chico le da la carta. La lee en alta voz. Grita y Telón.

qués casi sin habla), en la calesa no cabemos los tres.»

Se le caen los maletines, y los amantes, rápidos y para evitar cualquier cosa, montan en la calesa y se van cantando.

El marqués avanza como loco hacia la puerta y vuelve mesándose los cabellos. El muchacho de la venta le entrega la carta, y al abrirla salen la moneda y el anillo. La lee en alta voz y se cae desplomado en una silla.

Telón especial.

(Madrigal)

La orquesta continúa, y aparece ella por un lado para dar las gracias; luego aparece él y por último el marqués, que cantan el madrigal final.

Telón definitivo.

El cotejo entre los mss. *B* y *C* es un ejemplo bastante claro de cuanto se ha dicho precedentemente, o sea, que la copia destinada a Falla está mucho más perfeccionada, detallada y redactada que la precedente. Lorca no se limita a proponer al maestro un sujeto apenas esbozado, como el que tiene en sus manos, sino que lo enriquece con informaciones (sobre todo adjetivos, atributos y especificaciones) que serán fundamentales para la reducción musical del texto y la caracterización, siempre musical, de los personajes y de las situaciones.

El ms. *D,* al contrario, reduce en la última escena (indicada como tal sólo por un blanco de separación de la precedente) nada menos que dos escenas: la penúltima y la última. Más que resumida está apenas indicada. A pesar de esto, hay por lo menos dos innovaciones con respecto a las precedentes versiones —el «ruido de campanillas» y el «Trío ante telón»—: innovaciones fundamentales para quien quiera comprender en qué consiste y qué ha modificado a nivel textual la colaboración de Falla. En efecto, las dos modificaciones arriba mencionadas pertenecen al maestro y no a Lorca. La primera (las campanillas) se puede deducir por la nota 1 en la hoja 10, donde Falla escribe:

«Hasta que cae el telón se oyen las voces de los novios, sobre el fondo de las campanillas.

ELLA CANTA: Ya suenan las campanillas,
              mi calesero ha llegado
              con su sal y su sandunga.
EL: su marsellés remendado...

Las voces y las campanillas se alejan.»

Por lo que concierne al trío final, ya sabemos de qué se trata.

Naturalmente, estamos considerando ejemplos que se refieren a la última escena, porque las acotaciones del maestro destinadas a traducirse en desarrollo textual (naturalmente a cargo del libretista) no se encuentran solamente aquí. Por ejemplo, en el comentario relativo a la escena VII se lee en nota 3: «Todas las tonterías que hace y dice el Marqués deben traducirse en tonterías musicales con muchas rouladas, escalas, arpegios, síncopas, mucho *sí, sí, sí, ah, ah, ah!, no, no, no.*» (ms. *C,* hs. 4 y 5). Anotando al lado de la es. IX, Falla comenta: «Esto es muy importante y hay que subrayarlo. La moneda dada por el sujeto es absolutamente necesaria para decir la buena ventura» (ms. *C,* h. 5), etc. Acotaciones que Lorca recoge exactamente y desarrolla en el libreto, así como habría hecho, si hubiera llegado hasta allí, con el final, donde Falla concluye su trabajo justamente con la acotación de lo que deben decir (cantar) los tres personajes dirigidos al público: «Pedimos el aplauso y el perdón por las muchas faltas.»

De todas formas, lo que nos interesa ahora señalar es cómo, gracias al cotejo de las tres versiones, sea posible afirmar con seguridad que Lorca, en la redacción del ms. *D,* tiene en cuenta no sólo las acotaciones *escritas* de Falla, sino también las sugerencias *orales.* Además tenemos la prueba de que en el momento de la copia del ms. *D* la última escena había sido ya comentada por escrito por el maestro (las campanillas) y discutida oralmente por los dos (el trío).

Saber exactamente cuándo redactó Lorca el ms. *D* es prácticamente imposible, pero creemos ciertamente que no nos equivocamos demasiado afirmando que es casi contemporáneo o precedente en poquísimo tiempo a la redacción del libreto (ms. *F*). En realidad, la reducción del ms. *D* en comparación con el *C* es evidente, aunque en términos más lógicos, a partir de la escena VI, es decir, de aquélla donde Lola canta el ya más de una vez nombrado romance.

¿Qué puede significar esto, recordando incluso que, gracias a este romance, sabemos que el 8 de mayo de 1923 Lorca había llegado ya a este punto de la redacción del libreto, tanto como para hacer una variante? La hipótesis más correcta es que antes de esta fecha Lorca habría copiado ya el ms. en posesión de Falla hasta el punto en que estaba anotado, o sea, hasta la escena V, y que el resto de la copia habría sido hecho después que el maestro añadió sus acotaciones hasta la escena XI, además de la referencia a *Falstaff* y el final, es decir, en septiembre.

Si en mayo Lorca había redactado ya el libreto hasta la escena del romance, se puede suponer que había vuelto a copiar con anterioridad el guión controlado por Falla hasta aquel punto. De otra forma, ¿qué sentido habría tenido copiarlo *después* de haber escrito la parte correspondiente de libreto? Sabiendo también que en octubre estaba de nuevo trabajando asiduamente en el libreto, ló- gicamente se puede pensar que hubiera vuelto a copiar recientemente todo el ms. *C* que, aunque todavía no es- taba anotado completamente, poseía indicaciones impor- tantes, difíciles de memorizar (como por ej. los cambios de las escenas) y todo el final. No por nada, ahora se nota una cierta prisa en la escritura a partir de la hoja 5.

A finales de septiembre Lorca está con Falla y discute nuevamente el trabajo común, que durante el verano se había estancado, por lo menos por parte del poeta. Ve que el maestro ha progresado en sus comentarios, con variaciones de importancia y con el final, y probable- mente es en este momento cuando copia apresuradamen- te, con grandes letras y sumariamente, el resto del guión. Tanto es así que inmediatamente después, en octubre, reanuda con prontitud el trabajo interrumpido.

Como óptimo libretista Lorca procede a la redacción del libreto sólo cuando está seguro que existe el consen- so de Falla y después de haber escuchado sus intencio- nes musicales. Pero, por algún motivo, en un cierto mo- mento Falla se para e incluso Lorca se ve obligado a interrumpir su trabajo que, como se ha visto, realiza con la rapidez, la pasión y el ímpetu característicos de esta época. En la redacción de la última escena del ms. *F* llegará incluso a incluir en el texto una indicación hipo- tética del maestro —«¿Carnaval de Venecia?»—, trans- formándola en una acotación: «El marqués da un salto enorme y empieza a correr por la escena silbando el Car- naval de Venecia.» A pesar de su deseo y su disponibi- lidad, no puede proseguir más allá, tanto que, terminada la última escena posible, a mitad del folio, prosigue y concluye escribiendo: «Es. XI.» Después deja la página en blanco.

Lorca intentará proseguir aún con el libreto y escribi- rá las dos estrofas incompletas en el folio aislado que hemos señalado como ms. *G;* pero claramente no le es posible preceder al maestro, mucho menos en este punto, donde Lola, disfrazada de cubana, debe cantar una *haba-*

nera. Una *habanera,* momento muy delicado, y no sólo desde el punto de vista musical, ya que puede ser interpretado como un homenaje del «rinconcillista» Lorca a Falla y a lo que había representado de universal su presencia para la burguesa y a veces provincial tertulia granadina. No casualmente escogió una *habanera,* un ritmo que, como nos ha recordado Mora, se había convertido, en la versión de Iradier, en una especie de himno obligado cuando los contertulios dejaban la casa del músico, exactamente como el *Carnaval de Venecia.*

3

¿Qué es «Lola la comedianta»?

Llegados a este punto, la pregunta que nos parece implícita y obligada es la de qué sea concretamente *Lola la comedianta.* La respuesta no es tan sencilla debido al hecho de que, como ya se ha visto ampliamente, el trabajo de colaboración entre Lorca y Falla permaneció inconcluso y, a fin de cuentas, la parte cuya falta más se siente no corresponde tanto a la conclusión del libreto —afortunadamente reconstruible gracias a los diversos guiones— como más bien a la inexistente composición del maestro de las escenas ya trabajadas por Lorca.

Evidentemente, si poseyéramos las partituras de Falla podríamos responder con mayor seguridad a la pregunta. No obstante trataremos de hacerlo utilizando los datos y los instrumentos que poseemos, pero poniendo en claro desde este momento que no es nuestra intención entrar en un campo, el de la musicología, que no nos pertenece sino por pasión. Un musicólogo podrá sin duda alguna sacar del estudio de las acotaciones de Falla indicaciones y sugerencias que a nosotros se nos escapan. Que este párrafo, por lo tanto, sea considerado por lo que pretende ser: la aportación de un crítico literario.

Ante todo creemos poder decir que *Lola la comedianta* es dos cosas: una para Lorca y otra para Falla. Que la idea de una colaboración entre los dos artistas haya nacido en virtud del reconocimiento de un extraordinaria coincidencia en la visión del arte (y de la música) nos parece fuera de duda, y lo veremos mejor a continuación. No obstante, nos parece incluso poder anticipar desde ahora que el encuentro de dos personalidades creadoras tan fuertes e individuales nos deja de alguna forma perplejos sobre el posible éxito de una colaboración de este tipo que, en fin de cuentas, prevé, por lo menos históricamente, una cierta subordinación del libretista con respecto al músico. Pero procedamos con orden.

Como se ha visto, Lorca habla del trabajo en curso sólo en cuatro cartas de su copiosa correspondencia. En las dos primeras, siendo el mismo Falla el destinatario, habla sobre ello muy vagamente y utiliza las expresiones «nuestro asunto», «nuestro proyecto» y «*lo nuestro*». Todo y nada. En la tercera carta su definición se hace un poco más precisa: «la obra poemática que hago con Falla», pero no tanto como para permitirnos delinear el tipo de colaboración. En la última, en fin, escribe: «Dentro de días, Falla el angélico pondrá sus manos sobre mi operita.» Finalmente Lorca nos ofrece un indicio o, si podemos creerlo plenamente, y pensamos que sí, una definición: *operita*. Los guiones de *La comedianta* y el libreto de *Lola la comedianta* estaban, pues, destinados a una ópera en un acto («Acto único» es la especificación que sigue al título en todos los ms.).

Falla, por su parte, cita *Lola,* por lo que sabemos, sólo en una ocasión, y es en la respuesta a la carta que le había enviado Lorca en agosto del 23 para solicitarle la solución del trío y del final. Atraído quizá por el léxico del joven colaborador —de cuya ansia y prisa se burla bondadosamente el maestro, que antes «quiere» resolver graves problemas metafísicos (descubrir la cuarta dimensión)—, también él usa la expresión «nuestro asunto».

Si todo terminara aquí, es decir, si Falla no nos hubiera dejado otras indicaciones, sería realmente demasiado poco. Pero al contrario, es justamente el músico el que de los dos colaboradores nos ofrece la mayor cantidad de material sobre el que meditar. Y claramente lo hace a través de las múltiples acotaciones de carácter musical que ocupan el manuscrito en su posesión. De estas acotaciones nos parece poder deducir que la trama lorquiana ha sido leída y anotada por el maestro para ser efectivamente puesta en música por entero. Falla comenta el texto de Lorca paso a paso, sin dejar ningún espacio descubierto por la música: introducción, interludios, intermedios, notas sobre el canto, etc., todo contribuye a hacer pensar que se trata, como efectivamente había escrito Lorca, de una *operita* y no de una zarzuela ni de una pieza teatral con comentario musical, como una lectura sólo del texto podría inducirnos a creer. Prueba de ello es que los tres personajes, cuando no están directamente ocupados en *arias, dúos, tríos,* se expresan en recitados, recitativos, *quasi parlato, parlante,* etcétera.

Y si es una ópera, indudablemente se trata de una ópera cómica, donde la comicidad no procede únicamente de la trama y de los diálogos, sino sobre todo de la cualidad de las situaciones musicales preconizadas por Falla, que se mueve fundamentalmente en dos líneas contrastantes. Por una parte recurre a la música popular (la Caña, el Vito, el Paño, la Mari Juana, la siguiriya, la soleá, la Tirana, Pablillos, «giros melódicos andaluces», etcétera); por otra parte, se sirve de una sabia utilización irónica de ciertos esquemas y medios artificiosos, ya explotados y frecuentemente criticados por él, de la ópera italiana (el *falsetto* del marqués, la abundancia del *recitado* y del *recitativo italiano,* el estilo *cavatina italiana* en la escena del «desvarío romántico», la «parodia del acompañamiento italiano», etc.).

Las acotaciones musicales de Falla, por lo tanto, permiten imaginar una música fuertemente contrastada, que recurre a géneros nada asimilables, como la ópera italiana (o quizá sería mejor decir *a la italiana*) y el patrimonio del folklore musical andaluz, naturalmente no simplemente armonizado y orquestado, sino interpretado, como era el estilo de Falla. Cómico el enredo (pero sólo hasta un cierto punto, como veremos) y cómica la estructura musical delineada por el maestro.

El hecho de que Lorca y Falla decidieran unirse para componer una ópera cómica no debe maravillar. Es más, los antecedentes de ambos parecen llevarles a esta unión. Como bien se sabe, la primitiva vocación (y también preparación) de Lorca había sido la musical, frustrada, según sus mismas palabras, por la imposibilidad de ir a París para profundizar sus estudios. Pero la pasión y el interés por la música no le abandonarán nunca, ya que continuó durante toda su vida dedicándose a la música, aunque sobre todo en estrecha relación con su producción y actividad teatral [14]. Alrededor de 1915 parece incluso que estuviera componiendo una zarzuela para la que había escrito ya una «Serenata en la Alhambra» y un coral gitano. No habiendo descubierto aún su propia personalidad de poeta, el libreto habría debido ser compuesto por el amigo Mora Guarnido, del que precisamente proviene esta noticia [15].

Muy diferente es, sin embargo, el razonamiento por lo que se refiere a Falla. En la producción global del maestro, las composiciones destinadas a la escena son nada menos que once, es decir, casi un tercio: cinco zarzuelas, cuatro óperas y dos ballets. Nueve de éstas, representadas o no, habían sido compuestas ya en la época

---

[14] Véase U. Bardi, *Federico García Lorca musicista, scenografo e direttore della Barraca,* Provincia di Firenze, 1978; Francisco García Lorca, *Federico y su mundo,* Alianza, Madrid, 1981², páginas 419-30.

[15] J. Mora Guarnido, *ob. cit.,* pág. 86. Véase también I. Gibson, «Federico García Lorca, su maestro de música y un artículo olvidado», *Insula,* XXI (marzo de 1966), núm. 232, pág. 14.

en que tuvo lugar la colaboración para la ópera cómica con Lorca, y la décima, *El retablo de Maese Pedro,* estaba ya terminada en 1922 y en 1923 fue estrenada. Pero seguramente no es sólo el interés y la inclinación a la escena musical lo que puede constituir un precedente de la idea de trabajar en *Lola la comedianta.*

Un dato más realista y concreto creemos que se puede identificar en la que, aparte el *Retablo,* había sido la última fatiga de Falla en este ámbito de su producción, es decir, la composición desde 1918 a 1919 de *Fuego fatuo,* una ópera cómica sobre temas musicales de Chopin, interrumpida después de la orquestación de dos actos [16]. Como escribe Enrique Franco en la obra citada, ignoramos de manera definitiva por qué motivo Falla decidió no continuar su trabajo que, por otra parte, se encontraba en fase ya avanzada. No obstante, es posible conjeturar que una importante razón pueda haber sido el total desagrado de Falla con respecto al *asunto* e incluso al libreto que, entre otras cosas, siguió un proceso bastante poco común, ya que la libretista, María Martínez Sierra, debía escribir el texto *después* que la música de la parte correspondiente ya había sido compuesta: tenía, por lo tanto, que adaptar la invención poética y, sobre todo, las palabras a las notas, en vez de lo contrario.

Es fácil imaginar los resultados de semejante colaboración, y también es fácil imaginar la decepción y el desánimo en una personalidad precisa, concienzuda y, por lo tanto, exigente como la de Falla. Decepción que, probablemente, se añadía a la ya probada por las zarzuelas, compuestas, es cierto, en el período juvenil y por

<hr />

[16] Gracias al interés de los herederos del músico, María Isabel de Falla y José García de Paredes, y del musicólogo Enrique Franco, a quien se debe el descubrimiento de los originales completos durante la ordenación del Archivo de Falla, a partir de partitura de *Fuego fatuo* ha sido posible obtener una «suite» instrumental, a cargo de Antonio Ros Marbá, estrenada el 1 de julio de 1976 en el Festival Internacional de Granada. Cfr. el escrupuloso estudio de E. Franco, *Falla,* Publicaciones Españolas, Madrid, 1976, págs. 27-31.

razones más contingentes que musicales, pero tan desafortunadas como para permanecer todas inéditas y nunca representadas, a excepción de *Los amores de la Inés,* que de todas formas fue discretamente acogida por la prensa de la época por la música, pero criticada con una cierta decisión por el libreto [17].

Falla, que siempre había perseguido, y frecuentemente alcanzado, la máxima fusión entre texto y música, considerando la palabra un elemento melódico fundamental, no podía no ser exigente e, inevitablemente, no podía no chocar con decepciones con respecto a la letra, es decir, con desniveles a veces invencibles que podían amenazar su trabajo. El encuentro con Lorca, acaecido, como se ha dicho, precisamente en el año en que ve desvanecerse la posibilidad de realizar *Fuego fatuo,* adquiere con el tiempo —o sea, con el descubrimiento de las imprevisibles y extraordinarias dotes poéticas del joven— las características de algo de fatalidad.

Durante los casi tres años que preceden la decisión de colaborar en la realización de la nueva ópera cómica, *Lola la comedianta,* Falla ha llegado a la certidumbre que Lorca podría ser la persona apta para escribirle finalmente un libreto que responda plenamente, en la trama y en la letra, a sus exigencias musicales. Por otra parte, la estima del maestro por el joven poeta se funda en hechos que se llaman Festival del Cante Jondo, la representación de títeres de 1923, el proyecto para un teatro nacional de títeres, etc.

A través de estas actividades de colaboración, Falla ha podido darse cuenta de la extraordinaria consonancia existente entre su visión de la música (nacional) y la que tiene Lorca de la poesía: consonancia que se vuelve incluso identidad cuando el sujeto al que música y poesía se dirigen es el patrimonio folklórico tradicional y popular, o mejor dicho, en el caso específico, andaluz: «¿Será

---

[17] Cfr. A. Sagardía, *Vida y obra de Manuel de Falla,* Escelicer, Madrid, 1967, págs. 25-8.

cierto —escribía en 1917— como creen algunos, que entre los medios de nacionalizar nuestra música está el uso severo del documento popular como elemento melódico? Siento no pensar así en sentido general [...]. Pienso modestamente que en el canto popular importa más el *espíritu* que la *letra.* El ritmo, la modalidad y los intervalos melódicos, que determinan sus ondulaciones y sus cadencias, constituyen lo esencial de esos cantos [18].» Y también, en 1925: «Los elementos esenciales de la música, las fuentes de inspiración, son las naciones, los pueblos. Yo soy opuesto a la música que toma como base los documentos folklóricos auténticos; creo, al contrario, que es necesario partir de las fuentes naturales vivas y utilizar las sonoridades y el ritmo en su sustancia, pero no por lo que aparentan al exterior. Para la música popular de Andalucía, por ejemplo, es necesario ir muy al fondo para no caricaturizarla [19].»

¿Qué puede haber más semejante a estas teorías —que son realmente la práctica de Falla— que las teorías y la práctica de Lorca en aquellos años? La conferencia sobre el cante jondo, que el poeta leyó en 1922, lo demuestra con claridad indiscutible, así como lo demuestran sus textos, su producción poética y teatral. En la *Tragicomedia de don Cristóbal y la señá Rosita* Lorca había partido de «documentos folklóricos auténticos», que en parte incluso había utilizado literalmente, pero para llegar a la recuperación, a través de la forma, de la esencia del teatro de títeres andaluz. En *La niña que riega la albahaca y el príncipe preguntón* había «dialogado y adaptado al Teatro Cachiporra Andaluz» un «viejo cuento andaluz en tres estampas y un cromo» [20].

---

[18] M. de Falla, *Escritos sobre música y músicos,* Espasa-Calpe, Madrid, 1972, pág. 60.

[19] *Ibíd.,* págs. 106-7.

[20] Prospecto anunciador del espectáculo celebrado en casa de los Lorca el día de los Reyes de 1923. Citado por G. de Torre, prólogo a F. García Lorca, *Cinco farsas breves,* Losada, Buenos Aires, 1953, pág. 8.

Falla conocía perfectamente estas obras de Lorca, así como también conocía muchas poesías que confluyeron en 1931 en el *Poema del cante jondo,* ya que el mismo poeta se las había leído. Y nos detenemos aquí, porque no sabemos, por ejemplo, si el maestro conocía también algunos textos que Lorca estaba elaborando desde 1923 para el futuro *Romancero gitano,* que responderá plenamente al principio enunciado por Falla, según el cual, en lo popular, «importa más el *espíritu* que la *letra*».

¿Cómo era posible, entonces, que los dos no se encontrasen y no entendiesen la unicidad del caso de una colaboración entre ambos? ¿Se puede, pues, excluir, con estas premisas, que Falla hubiera vislumbrado en Lorca a aquél que finalmente hubiese podido darle el libreto que su música exigía, rescatando también de esta forma el fallo de *Fuego fatuo?*

Y, sin embargo, no mucho más afortunada logró ser esta colaboración. ¿Por qué? Seguramente, como ya se ha repetido varias veces[21], los compromisos de Falla pudieron tener un cierto peso en la interrupción del proyecto, sobre todo considerado el ritmo de trabajo del maestro. Pero nos preguntamos si esto puede ser verdaderamente el motivo determinante. En el fondo Lorca, aunque reconociéndole una personalidad creativa totalmente opuesta, no era exactamente lo que se puede definir como un holgazán, ni en aquellos años ni después. No obstante, no sólo logró redactar el libreto hasta donde le era posible, revisándolo y corrigiéndolo más de una vez, sino que hasta 1926 trató de animar a Falla para que no dejase caer en el olvido un proyecto al que ambos habían dedicado ya tanto trabajo.

Incluso en este caso hay que admitir con amargura que no sabremos nunca lo que pasó realmente. Pero pensamos que es posible avanzar una hipótesis: hipótesis que puede parecer contradictoria, casi grotesca, pero que nos

---

[21] E. Orozco, *Falla,* Destino, Barcelona, 1968, pág. 157.

parece que tiene su fondo de credibilidad. Sin duda alguna fue Falla el que abandonó el proyecto, el mismo Falla que, a pesar o en virtud de la decepción de *Fuego fatuo,* justamente había visto en Lorca la posibilidad de obtener finalmente el difícil equilibrio entre palabra y música.

Lorca, como hemos observado varias veces, se comportó como un buen libretista: dio al maestro el guión de la operita y esperó, antes de redactar el libreto, que él expresara todas las reservas, los consejos, las exigencias relativas a su trabajo. Pero es necesario decir también que, por mucho que se hubiera calado en el propio papel inédito y por mucho que estuviera unido al maestro con sincera estima, Lorca no fue, ni podía ser, solamente un fiel libretista al servicio de un músico. Músico también él, entregó a Falla un guión ya fuertemente «puesto en música», si se puede decir así, que contenía numerosas indicaciones puramente musicales e incluso instrumentales (es. V: Lola canta el romance, guitarra; es. VII: trío; es. X: Lola canta la habanera; es. XII: la orquesta continúa; es. última: madrigal, etc.).

Falla no se detuvo frente a esto y es más, por las acotaciones se comprende claramente que trató de favorecer las exigencias del libretista. Pero cuando leyó el libreto ya desarrollado se encontró no tanto ante un texto para ponerle música sino más bien con una comedia perfectamente concluida, a cuyas exigencias la música tendría que haberse debido adaptar y doblegar, y no viceversa. No queremos decir que Falla evitó ver *sucumbir* la música a favor de la poesía, pero seguramente, partiendo de un libreto como el que le ofrecía Lorca, obtener el tan deseado equilibrio, pudo percibirse un arduo trabajo, esta vez por exceso y no por defecto del libreto mismo.

Las dos personalidades se revelaron, en sustancia, quizá demasiado símiles en su prepotencia creativa, tanto como para no ser fácilmente conducibles a un trabajo de colaboración en el que una de las dos, y en estos casos forzosamente el libretista, habría debido seguir las exigencias de la otra. Los casos Verdi-Boito no se repiten frecuentemente. Y Falla fue el primero que se dio cuenta.

4

El texto

Quienquiera que tenga práctica en la lectura de libretos de ópera sabe perfectamente que, salvo raras excepciones, la característica principal que resalta en éstos es la falta de sentido, de lógica, de coherencia, de unidad dramática, de caracterización de los personajes: en una palabra, de autonomía literaria. El libreto en general está marcado por su enorme dependencia de la partitura, de tal forma que no sufre de esto sólo el argumento, sino también la palabra misma.

Escuchando una ópera se tiende automáticamente a pasar por alto lo que «dicen» los cantantes, porque en el fondo se da por descontado que el texto no existe fuera de la música y, por lo tanto, se perdonan y se aceptan defectos que ninguno perdonaría en «literatura». Es a la música, en resumidas cuentas, y no al libreto, a la que se delega la tarea de subrayar la dramaticidad o la hilaridad de la acción, de suministrar los recovecos sicológicos y sentimentales que caracterizan a cada personaje, de guiar, en sustancia, al espectador a la comprensión de argumentos y de situaciones textualmente sumarias y poco verosímiles.

Aunque admitiendo que todo cuanto arriba digo se refiere en modo más directo al melodrama (en especial al del siglo pasado) que no a la *ópera buffa* o *cómica* —en general extrañamente más rigurosa, aunque más banal en la trama—, no hay duda que, leyendo el libreto de *Lola la comedianta,* nos sentimos en seguida incómodos y perplejos, ya que el cuadro que se nos presenta es exactamente el opuesto a la norma a la que estamos acostumbrados. Este libreto está maquinado tan claramente, es tan lógico, tan equilibrado, tan rico de matices y homogéneo que difícilmente se logra creer que, para aceptarlo y comprenderlo a fondo, sea necesario escucharlo en música.

Efectivamente, como ya se ha dicho al final del párrafo precedente, Lorca sabe con exactitud lo que está escribiendo —o sea, un libreto—, pero el resultado es algo que definiríamos mejor como comedia en verso, aunque él no habría utilizado nunca una definición tan pobre y genérica. Lorca escribe pensando en Falla, pero contemporáneamente también en *Lola,* como en una obra teatral autónoma, es decir, independiente de cualquier vínculo extratextual. Lo que también había sucedido, según nuestra opinión, con la *Tragicomedia de don Cristóbal y la señá Rosita,* compuesta expresamente para el teatro de títeres, pero de difícil representación con éstos, dada la complicación de la trama, la cantidad de personajes y la abundancia de escenas [22]. En realidad, una comedia más que un guión.

Por otra parte, sabemos que en 1924 Lorca pensaba representar *Los títeres de Cachiporra* en el Teatro Eslava de Madrid, es decir, con actores; en 1923 estaba trabajando en la música para una representación de esta misma obra en la que habría participado, al lado de Margarita Xirgu, la célebre bailaora «La Argentinita»; en 1933, en fin, hablaba del proyecto de estrenar en Cádiz «*Los títeres de Cachiporra...* Esta es una obra rara, letra y música mías [23].»

Y sea dicho esto sin ningún demérito para Lorca y con la convicción que, de cualquier modo, él logró alcanzar

---

[22] Véase nuestro artículo «Les deux versions de l'idylle sauvage de Don Cristóbal et de la señá Rosita», *Europe,* LVIII (août-septembre 1980), págs. 83-95.

[23] «Un reportaje. El poeta que ha estilizado los romances de plazuela», *El Debate,* 1 de octubre de 1933.

los objetivos que se había fijado. Solamente se quiere subrayar que, dando por sentado la grave ausencia de la música, *Lola la comedianta* puede sobrevivir como texto teatral, sin cometer una injusticia ni contra Falla ni contra Lorca, de la misma forma que la *Tragicomedia* puede pasar perfectamente sin los títeres. En sustancia, ambas obras, que podemos considerar casi contemporáneas, poseen una propia tipicidad genética que no excluye una transmisión diferente de la prevista originariamente.

A la luz de las declaraciones citadas precedentemente, nos parece que el trabajo de Lorca para *Lola* tiene mucho en común con su actividad de aquella época, a pesar del hecho excepcional de que se trate de un libreto. Las mencionadas transformaciones pensadas (y quizá también realizadas) del texto de la *Tragicomedia* —nacida, repetimos, como comedia para títeres, y después progresivamente acompañada de música hasta convertirse en una especie de ópera cómica con «letra y música» del mismo Lorca— revelan una cierta afinidad, aunque en sentido inverso, con lo que pensamos a propósito de *Lola*. Nos referimos a la posibilidad de que ambos textos, oportunamente retocados, tuvieran destinos intercambiables: primero texto teatral (para títeres o para actores), después libreto para ópera cómica: la *Tragicomedia;* libreto para ópera cómica, pero con un pie en el teatro: *Lola la comedianta*.

No obstante, nos parece que la afinidad se detiene aquí. Queremos decir que si la *Tragicomedia* había nacido, como innegablemente lo fue, para ser representada por títeres, no se puede decir lo mismo de *Lola*. La crítica lorquiana tiene la tendencia general a definir como «de títeres» todos los trabajos cómicos o de farsa escritos por Lorca desde 1922 hasta *Don Perlimplín* (tendencia en parte apoyada por el mismo autor que, hablando de *La zapatera prodigiosa,* la definió «comedia por el estilo de Cristobicas»)[24]. Aparte de que «por el estilo» no

_____
[24] Carta a M. Fernández Almagro, fechada en julio de 1923, en *O. c.,* II, pág. 1127.

81

significa en absoluto «perteneciente al género», sino que indica simplemente el cambio de un género a otro de algunos elementos no distintivos ni mucho menos estructurales, conviene recordar que el teatro para títeres no era ni ha sido nunca sólo *farsa,* por lo que no es posible, basándonos en la construcción «farsesca», conjeturar la existencia de un área en la que se vean asimilados textos como *La niña que riega la albahaca,* la *Tragicomedia* y el *Retablillo de don Cristóbal* y otros como *La zapatera prodigiosa* y *Don Perlimplín.*

Podemos recordar que también Mariana Pineda, por ejemplo, era objeto, en cuanto tema de vasta acogida y difusión popular, de representaciones para títeres. Lorca mismo, enumerando a Falla los sujetos posibles para una proyectada *tournée* de títeres a La Alpujarra, después de pasar lista a una serie de farsas, añade: «Luego habrá que llevar romances de crímenes y algún milagro de la Virgen del Carmen donde hablan los peces y las olas del mar. Si vamos a La Alpujarra habrá que llevar también algún asunto morisco que podría ser el de Aben-Humeya [25].» No es el argumento cómico o de farsa, en sustancia, lo que determina que un texto entre en el ámbito de los títeres.

Esto no significa naturalmente que Lorca y Falla no hubieran podido de alguna forma poner en escena *Lola la comedianta* como ópera en música *con* títeres o marionetas. Esto es imposible saberlo. Pero seguramente nada sirve para indicarnos que el gracioso, ágil, brillante y literario juego de los tres personajes fuera destinado a aquel género de teatro. La misma intención parodística, en los dos frentes musical y textual, nos lleva muy lejos de un tipo de teatro popular, que se basa, en su vertiente cómica, preferentemente en la inmediatez de las situaciones cómicas y, a menudo, satíricas. La parodia exige, al contrario, la mediación cultural, representada por el modelo o los modelos parodiados.

---

[25] Carta fechada en agosto de 1922, en *O. c.,* II, pág. 1194.

Lola es, pues, una obra aparte, única en cuanto libreto, pero ciertamente dentro de algunas líneas de la ininterrumpida cadena teatral lorquiana de la que, además, representa un anillo muy importante, visto que se trata de uno de los primeros textos que poseemos ahora, con exactitud el tercero, excluyendo el perdido guión de *La niña que riega la albahaca.*

El primer aspecto importante de notar es que incluso en *Lola la comedianta,* a partir del título, el papel de protagonista está asignado a un personaje femenino. Uno más que se viene a añadir a la ya amplia gama del repertorio lorquiano, pero con características en parte inéditas y nunca más recogidas en otro lugar. Bajo el perfil de la continuidad, se puede decir que Lola está a mitad de camino entre la contemporánea Zapatera y la futura Belisa: posee de la primera el anhelo hacia un goce libre y alegre de la vida y de la segunda el lúcido y calculado placer del engaño. Más cercano podría ser el personaje de la Niña en el cuento escenificado para la Fiesta de los Reyes de 1923, con su descaro y sus disfraces; pero lo poco que sabemos [26] no es suficiente para poder trazar paralelismos.

Aparte las procedencias, las semejanzas y las anticipaciones, es indudable que *Lola* resulta completamente diversa por las relaciones que Lorca establece entre este personaje y los otros dos, sobre todo con el *partner.* En casi todas las obras teatrales lorquianas la mujer se encuentra, además de profundamente limitada e impedida por la condición misma femenina en la sociedad (inferioridad siempre señalada por Lorca, que la representa unas veces con padres y madres autoritarios y represivos o mercantiles, que ceden las hijas al mejor postor, otras con la violencia de las comadres, la *vox populi*), incluso en una situación de antagonismo con el hombre. Antagonismo que a veces tiene éxito positivo, ya que produce

---

[26] Cfr. Francisco García Lorca, «La niña que riega la albahaca», *El País,* cit., pág. V.

una modificación que hace posible la relación (*La niña que riega la albahaca, La zapatera prodigiosa*), pero más frecuentemente negativo, pues lleva a la destrucción de la relación y a la eliminación de uno de los dos *partners,* en general el masculino, además de a la autodestrucción del otro, el femenino, como consecuencia (*Mariana Pineda, Don Perlimplín, Yerma*).

Los ejemplos de dicho antagonismo son innumerables: Niña-Príncipe, Rosita-Cristóbal, Zapatera-Zapatero, Belisa-Perlimplín, el Joven-la Novia, Yerma-Juan, etc. Para complicar estas atormentadas relaciones «a dos» frecuentemente se añade un segundo *partner* masculino, que en general garantiza idealmente o de hecho la satisfacción sexual que parece irrealizable en la relación «oficial»: Rosita-Cocoliche, Belisa-varios amantes y Perlimplín disfrazado, la Novia-el Jugador de rugby, Yerma-Víctor, etc. Nada de todo esto se verifica en *Lola la comedianta*. No existe antagonismo ni entre Lola y la sociedad (ya que como comedianta se da por descontada su «libertad»), ni entre ella y el marido, que más bien favorece sus juegos y sus burlas, aunque menos convencido que ella de su oportunidad y más preocupado por los probables daños que pudieran provocar. Ni siquiera existe un segundo *partner,* ya que el interés por el marqués es puramente instrumental, siendo éste el objeto de la burla.

Lola, pues, actúa en el plano de la más total gratuidad: satisfecha de su hombre, decide ocuparse de otro, por una noche, por pura satisfacción hedonística, para demostrarse a sí misma que su arte, unido a su fascinación, de la que es consciente («mis ojos son dos cuerdecitas»), son armas capaces de herir a cualquiera y que le dan la superioridad indiscutible no tanto de un poder, como más bien de quien usa ese poder con cinismo. La prontitud y la frialdad con las que, en la última escena, interrumpe el tenso y doloroso silencio que se ha establecido entre el marqués y el poeta (ya no disfrazado de calesero), presentando con desenvoltura a este último al pobre enamo-

rado como lo que es en realidad, o sea, su marido, demuestran con excesiva claridad, más allá de la comicidad
del libreto, cuánto Lola es diferente de las otras heroínas
lorquianas.

Un personaje construido con brío, diversión, invención,
pero también con misoginia y dureza. Unico personaje
lorquiano femenino que no es víctima de alguien o de
algo, ni obligado a rebelarse contra ningún tipo de opresión sobre la mujer, sino que más bien se aprovecha de
ser mujer (guapa e inteligente, naturalmente) para ser
opresiva y para crearse víctimas:

> «Ese joven será esta noche
> la víctima
> de mi juego de comedianta
> seria y fina.»   (es. III)

Como se ha dicho en repetidas ocasiones, y como había revelado justamente Mario Hernández, es verdad que
una de las claves de lectura manifiestas de la operita ra-
dica en su voluntad de ser una «parodia de ópera italiana
y del sentimentalismo romántico» [27], y que la presencia
de la música es indispensable para alcanzar el primero
de los dos fines parodísticos. Sin embargo, también es
verdad que *Lola,* sobreviviendo a la ausencia de la música y brillando con luz propia, puede respetar perfectamente los propios presupuestos parodísticos que, siempre
según un enfoque meramente textual, se dirigen sobre
todo al sentimentalismo romántico, implicando sólo en
segundo orden la ópera italiana.

El inicio mismo del libreto representa una pequeña
obra maestra por la exactitud y la precisión con las que
Lorca logra, en apenas ocho versos, situar geográfica-
mente, pero sobre todo históricamente, la escena de la
ópera:

---

[27] M. Hernández, *art. cit.,* pág. V.

85

MARQUÉS.   Amigo, vuelvo a Cádiz
           al fin tras larga ausencia.
           Dejé mi melancolía
           en los nublos de Inglaterra.
           Mi destierro fue largo,
           pero ahora la vieja
           Andalucía me ofrece
           sus flores abiertas.   (es. I)

La época es inequívocamente la romántica, correspondiente al regreso de los emigrados políticos en Inglaterra, a su desembarco en Cádiz llenos de «melancolía», pero al mismo tiempo de gloriosas esperanzas hacia una nueva primavera de España («Andalucía me ofrece / sus flores abiertas»). Romántico por excelencia es también el personaje del Marqués, que se autopresenta con todos los carismas de lo que, sobre todo mucho más tarde y filtrado por la cultura zarzuelística y por la literatura popular, se identificaba como romántico: la *ausencia* (exilio político, lejanía de la patria), la *melancolía* (el *spleen,* el mal de la vida), *el destierro* (víctima de la opresión, quizá también conspirador) y, en la escena inmediatamente sucesiva, el *amor* total y fulminante por una bella *dama misteriosa* de la que nadie sabe el nombre. Naturalmente, quien prueba sentimientos políticos y eróticos semejantes no puede no ser noble y joven.

La ironía de Lorca no tarda en dejarse sentir: en la es. II el rostro del Marqués de X, por supuesto fulminado por la entrada de Lola, no transparenta las señales de una sublime pasión arrolladora, sino más bien un más modesto *embobamiento*. En la es. III, su destino de víctima está decidido; pero él no será, como sus más ilustres y dramáticos antepasados, el indefenso blanco del sino adverso, del tirano infame o de la conspiración política, antes bien de un banal «juego de comedianta», es decir, de la superficial decisión de dos jóvenes en viaje de bodas dispuestos a reír a costa de los demás y de los celos de una chiquilla, la propia comedianta, que quiere vengarse de los presuntos requiebros dirigidos por el marido a una dama de Ronda.

En menos de tres escenas, Lorca crea el ambiente, la situación y el personaje románticos, revolucionando inmediatamente el sentido, por lo que el ambiente resulta un escenario en el que señorea brillantemente Lola, la situación está privada de cualquier tipo de choque telúrico entre individuo y Mundo (o Cielo o Historia) y el protagonista está relegado al papel de un pobre hazmerreír y dominado con hilos de marioneta por la sagacidad de una comedianta egoísta y, como se ha dicho, un poco cínica también. El cuadro antirromántico no podía ser más completo: el Marqués es un tonto, el Poeta participa en la burla y Lola no es ni Violeta ni Tosca.

Con la es. III termina la primera secuencia, la relativa a la presentación de los tres personajes. Lola y el marido entran en escena ya disfrazados, ella de «gran señora de categoría» y él de «calesero que anima el caballo». En realidad, ya lo sabemos, se trata de una comedianta y de un poeta que han decidido «tejer de burlas y risas» su «gracioso viaje de bodas» y que en cualquier parte aprovechan sus dotes de invención y de improvisación para divertirse a costa de alguien. Se inicia la construcción de las primeras simetrías opositivas.

Los tres personajes están de viaje: de regreso del exilio el Marqués, en viaje de bodas los dos jóvenes. Todos esperan algo de Andalucía: renacer, el Marqués; divertirse, los dos recién casados. Todos tienen a las espaldas una experiencia determinante: el exilio y la melancolía, el Marqués; burlas y risa, los otros. El juego está hecho: Lorca ha trazado la premisa de la acción que se desarrollará a continuación mediante el contraste de situaciones paralelas y opuestas.

El primer mecanismo cómico está, por lo tanto, sutilmente accionado a través del juego de las oposiciones: oposición de las situaciones, oposición de los personajes y oposición de las expectativas de éstos. E, incluso, haciendo partícipe al espectador del engaño que Lola y el poeta están a punto de urdir contra el Marqués. Recordamos que a esta decisión Lorca no llegó inmediatamente, tanto que en el *verso* del ms. *B* se lee: «se ha de decir que ella es comedianta, ¿al inicio o al final?».

La refinada arquitectura que se nota al principio del texto no es nada más que un ejemplo, aunque emblemático, del modo de proceder de Lorca mediante simetrías y contrastes gracias a los que es posible no sólo el estupendo equilibrio del libreto, sino también el elemento parodístico, que además de representar una de las líneas interpretativas del texto, es también uno de los instrumentos manifiestos de la comicidad (véase, por ejemplo, la es. IX, en la que el calesero imita, parodiándola en lo que es posible, la desesperación amorosa del Marqués: parodia en la parodia).

Tres son los personajes; tres los disfraces de Lola (gran dama, gitana, solterona cubana); tres los comportamientos del Marqués de acuerdo con el disfraz de Lola (cortés y poético con la gran señora, rudo y desconfiado con la gitana, noble y honrado con la cubana); tres los regalos que el Marqués hace a Lola (el libro con el romance, la moneda, el anillo); tres, en fin, las canciones de Lola (el romance, la canción de la lectura de la mano, la *habanera*). Nada es casual y, sobre todo, nada podría añadir la música para dar al texto mayor sentido definitivo y acabado, salvo, naturalmente, hacer algo completamente diverso de lo que es ahora.

Cada uno de los tres personajes posee un peculiar nivel expresivo, que se diferencia del de los otros y según las situaciones. El Marqués, por ejemplo, se expresa con modulaciones y léxico melancólicos y poéticos en la escena inicial y todas las veces que se encuentra de tú a tú con Lola «gran dama». Su lenguaje es variable y secamente imperioso cuando habla con el calesero, para volverse refinado y culto en la escena del «desvarío romántico», donde usa incluso palabras italianas (*cuore, donna, notte tragica*).

El poeta que, como hemos visto, entra en escena ya disfrazado de calesero, se expresa al inicio como tal, después bromea con Lola sobre su nuevo papel, siempre expresándose dentro de ése (por ejemplo, trata de usted a su mujer). Cuando se encuentra solo con el Marqués, primero se expresa como un cochero, después, siguiendo la burla a la que él mismo contribuye y desplegando sus dotes de poeta, parodia la lamentación del Marqués.

En cuanto a Lola, la protagonista indiscutible de la obra, se puede decir que la gama de los niveles expresivos que Lorca le asigna es variadísima: el lenguaje es más que nunca fundamental para la caracterización de este personaje y de los diferentes papeles que interpreta progresivamente. Cuando es simplemente Lola, su lenguaje es melindroso y burlesco; cuando es la gran señora, y habla con el Marqués, es persuasivo, seductor, ambiguamente invitador; cuando es la gitana recurre al dialecto andaluz, no sólo en la fonética (y relativa grafía), sino también en las expresiones, en las intercalaciones, en las exclamaciones, en los conjuros; cuando es cubana (por lo menos por lo que se puede deducir del brevísimo fragmento) es vivaz, caliente, evocativa.

Una demostración más, según nuestro parecer, de la absoluta particularidad de este libreto, que se concede el lujo de una estructura rigurosísima, de una fruición *incluso* independiente de la música, de una compleja y progresiva definición sicológica y escénica de los personajes, de lenguajes diferenciados de acuerdo con las situaciones, de los estados de ánimo para subrayar, de la finalidad de las escenas (irónica, burlesca, parodística, sentimental, etc.).

Pero aparte de cualquier razonamiento inherente al texto, consideramos que la recuperación de *Lola la comedianta* es importantísima incluso porque nos ofrece ulterior material para el estudio de los años de formación de Lorca como escritor, poeta y autor teatral, o mejor dicho hombre de teatro, entendiendo por teatro el lugar donde se realiza un espectáculo que da origen a una fiesta. Porque justamente de esto, en sustancia, representa una ulterior prueba *Lola,* es decir, que en esta fase el teatro es para Lorca una fiesta/espectáculo. Lo demuestran sus comedias para títeres, donde el texto no es para él más importante que la organización y la *mise en scène;* lo demuestra el fracaso de *El maleficio de la mariposa* por su presuntuosidad alegórica que, con presunción juvenil, excluye al público del goce; lo demuestra en fin *Lola* que está escrita para que se le ponga música, la fiesta quizá más grande, más total e implicante que Lorca pueda imaginar en este período.

Se trata de una visión que rápidamente irá transformándose, debiendo Lorca aceptar algunos parámetros que tradicionalmente el profesionalismo exigía (espectáculo encerrado en el espacio del escenario, pero también experimentalismo) para lograr entrar en un ámbito y en un «mercado» de amplitud nacional e internacional. Será una elección no sólo poética, que le permitirá presentarse en los grandes teatros de Madrid y Barcelona y comunicar a aquel gran público, tan frecuentemente criticado por él, mensajes nuevos y políticamente avanzados, con medios expresivos en parte codificados y por lo mismo comprensibles incluso por quien no habría querido ni escuchar ni entender. Pero sobre esta imagen oficial enlazará nuevamente el espectáculo como lo había siempre entendido, ahora más fuertemente connotado por la intención y por la finalidad política. Nos referimos a la gran experiencia de la *La Barraca* donde, sin medias tintas, Lorca logrará unir la profesionalidad «cerrada», adquirida con el tiempo y con el esfuerzo, con el primitivo credo del espectáculo «abierto», de la fiesta donde la plaza (actores y público juntos, sin la barrera de los papeles diversos generantes pasividad) recobra la dimensión de protagonista global.

5

Los manuscritos

Los textos que presentamos en este volumen, por primera vez y en edición crítica, provienen todos del archivo de la familia Lorca, a excepción del manuscrito indicado como *C,* que pertenece al archivo Falla. Los manuscritos *A, B, (A+B), C* y *D* son la versión en prosa, el argumento del libreto que Lorca empezó a escribir para el maestro Falla, y es obvio que preceden a los ulteriores manuscritos *E, F* y *G* que, estando ya en diálogo y en verso, representan una fase de elaboración sucesiva y avanzada: es decir, el desarrollo de la «prosa».

El orden que hemos establecido de estos manuscritos basándonos en las variantes y a otros elementos que indicaremos progresivamente, nos ha llevado a la identificación de siete manuscritos, elaborados en sucesión y que se pueden agrupar en cinco núcleos: *A+B, C, D, E, F+G.*

Ms. *A:* Tres folios amarillentos de 15,8×21,4 cm., escritos a lápiz por una sola carilla y numerados de 2 a 4. Comprende desde casi el inicio de la escena II a la escena VII. No hay duda de que se trata de la primera redacción de la «prosa» del libreto o, en cualquier caso, del primero de todos los borradores que han llegado a nuestras manos. Numerosas tachaduras, correcciones, añadidos y variantes —algunos de ellos apenas esbozados y no insertados perfectamente en el corpus textual, como la del final de la h. 3— demuestran que se trata de una elaboración todavía indecisa y primitiva.

Ms. *B:* Un único folio amarillento de 15,8×21,4 cm., escrito a lápiz por las dos carillas. En el *recto,* numerado 8, se encuentran las últimas líneas de la escena XI y la última escena completa. En el *verso,* anotaciones varias con dudas y pro-memoria destinadas a la inminente elaboración de la copia para Falla. Según la lógica y el sentido común, se trataría del folio final del mismo ms. *A,* considerando incluso el hecho de que los tres folios intermedios que faltan podrían contener con exactitud las escenas VIII, IX, X y el inicio de la XI. No obstante, por rigor filológico, preferimos atribuirle una sigla diferente, teniendo en cuenta que este manuscrito —al contrario que el precedente, que tiene toda la evidencia de una redacción primitiva— parece escrito con calma, orden y claridad, como si se tratara de una copia de una redacción anterior. En efecto, presenta una única tachadura y sólo dos variantes.

Ms. *C:* Diez folios perfectamente conservados de 15,8 ×21,6 cm., escritos en tinta por una sola carilla y numerados, a excepción del primero. Este último está escrito en vertical y a pie de la página se encuentran las acotaciones de Falla. En todos los demás folios, escritos en horizontal, el texto lorquiano ocupa sólo la mitad izquierda, mientras que en la parte derecha están las acotaciones y los comentarios de Falla, que frecuentemente trabaja con notas numeradas cuyas llamadas están insertas en el texto mismo de Lorca. La copia, en sustancia, ha sido escrita teniendo en cuenta la necesidad de espacio del maestro, cuyas intervenciones están presentes en todos los folios, salvo en el 9. El título es *La comedianta,* pero en el *verso* del primer folio se lee claramente, en alto hacia la izquierda y tachado con líquido marrón, *Lola.* Evidentemente la intención de Lorca era la de escribir *Lola la comedianta,* es decir, el título que utilizará en el último manuscrito. Aunque no faltan tachaduras y variantes, el texto es muy limpio y representa sin duda alguna la copia de un borrador precedente que sería el resultante de los manuscritos *A+B,* como prueban los apuntes de Lorca al respecto en el *verso* del folio 8 del manuscrito *B* y, sobre todo, como se deduce de la aceptación de las numerosas variantes y correcciones aportadas durante la elaboración de la precedente redacción. Las acotaciones a lápiz de Falla en general son ordenadas y descifrables, pero igualmente fundamental ha sido la transcripción elaborada por Maribel Falla, que ha sabido resolver no pocos casos de difícil interpretación.

Ms. *D:* Seis folios amarillentos de 15,8 × 21,6 cm., escritos a lápiz a excepción del título y de las dos primeras líneas y media del primer folio, que están escritas en tinta. El primer folio no tiene numeración; el segundo y el tercero están, respectivamente, numerados 2 y 3; el cuarto, 4 en el *recto* y 5 en el *verso;* el quinto, 6 en el *recto* y 7 en el *verso;* el sexto, 8 en el *recto* y 9 en el *verso.* En la p. 6 hay dos dibujos en tinta de Federico, sobre uno de los cuales se superpone la anotación *Es 10.* Las mitades superiores del quinto folio *(verso)* y del folio sexto *(recto)* están muy descoloridas, en algunos casos hasta la desaparición casi total de las palabras. Afortunadamente se han podido reconstruir gracias a una providencial transcripción hecha por Francisco García Lorca (que se dio cuenta de la progresiva deterioración de dichas partes), además del cotejo efectuado con los precedente borradores y copias. Este ms., que presenta una ulterior versión completa del argumento del futuro libreto, es indudablemente posterior al entregado a Falla, con respecto al cual ofrece variantes, algunas de éstas no irrelevantes y que proceden de los manuscritos *A* y *B.* La escritura es apresurada y descuidada, pero casi seguramente se trata de una copia redactada por Federico del mismo ms. *C,* teniendo muy en cuenta todas las acotaciones y correcciones de Falla, aunque esté menos cuidado y a veces sea incluso resumen de aquél. La subdivisión de las escenas, por ejemplo, está ordenada nuevamente por Lorca en base a las variaciones del maestro. La indicación del Calesero que entra gritando *Melones a cala* se encuentra aquí en el texto (es. VIII), mientras que en el ms. *C* no era nada más que una sugerencia añadida por Lorca a lápiz al margen del texto mismo, evidentemente aceptada posteriormente por Falla. Muchas variantes efectuadas por Lorca en el manuscrito C después de la tachadura de la redacción primitiva (correspondiente a los manuscritos A y B) están aceptadas en el manuscrito D. Todo esto prueba que este ms. es posterior al entregado a Falla, aunque si se asiste, repetimos, a una especie de regresión hacia las redacciones precedentes, especialmente en las escenas conclusivas. No es completamente claro por qué Lorca se haya quedado sólo con los manuscritos A y B (A+B), que representan más un esbozo de argumento en prosa que no un guión verdadero como el del manuscrito C, entregando a Falla la única versión completa, que, por otra parte, debía permanecer en manos del maestro para la puesta en música. También se puede pensar que, tratándose precisamente de un libreto, el libretista Lorca se reservara hacer una copia que desarrollaría solamente después de obtenido el consentimiento de Falla. Lo que parece que ha hecho en el manuscrito D que, en tal caso, no parece completamente conforme a la praxis de los libretistas por el mero hecho de que, aun aceptando todas las indicaciones de Falla, condensa visiblemente y cambia de nuevo el texto anotado por el maestro.

Ms. E: Cinco folios amarillentos de 15,8 × 21,6 cm., escritos por una sola carilla a lápiz, a excepción de una parte del folio 5, que está escrita en tinta. El primer folio, como siempre, no tiene numeración, mientras que los siguientes tienen la indicación de 2 a 5 en alto a la derecha. Se trata de una primera versión dialogada de las que en el manuscrito siguiente serán las escenas IV y VI, y de la que en esta fase es todavía la escena V. Muy importante este ms., porque nos permite establecer el entero proceso creativo del célebre «Arbolé arbolé», que ve la luz en estas páginas, asumirá una forma intermedia en el ms. F y será definitivo en Canciones. Es evidente que el mismo carácter de la redacción de «Arbolé» demuestra la prioridad de este manuscrito sobre el siguiente.

Ms. *F:* Veinte folios amarillentos de 15,8×21,6 cm., escritos en tinta por una sola carilla. Sin numeración la primera página, que lleva el título *Lola la comedianta;* todas las otras páginas numeradas de 2 a 20. Se trata del libreto verdadero, con diálogos y en verso, por desgracia incompleto, ya que termina con la indicación de la escena XII (numerada erróneamente por Lorca como XI). Proviene tanto del manuscrito *D* como del *C,* del que recupera las acotaciones de Falla desarrollándolas a nivel de texto. Posee numerosas tachaduras, correcciones, *lapsus calami* y variantes, una de las cuales es «abierta», o sea, alternativa y no sustitutiva (conclusión escena VII, folios 11 y 12).

Ms. *G:* Un solo folio, ennegrecido más que amarillento, de 21,3×15 cm. Se trata del folio externo que envolvía todos los manuscritos. Escrito por las dos carillas, en una se lee: *Salvador Dalí* (en tinta) / *La comedianta* (a lápiz) / *de Falla* (a lápiz). En la otra carilla hay un fragmento de seis versos en total, en tinta, que pertenece a la escena interrumpida en el manuscrito *F.* Es difícil establecer con seguridad cuál es el *recto* y cuál el *verso.* Las dos fachadas pertenecen, sin duda alguna, a dos momentos diferentes. La carilla con el fragmento se puede considerar en conexión cronológica con el ms. *F;* la otra, al contrario, parece llevarnos hacia atrás con respecto al *F,* o sea, cuando el título era todavía *La comedianta.* Es probable que Lorca haya utilizado el verso del folio que usaba, doblado en dos, para contener los manuscritos del libreto *in fieri,* para apuntar algunos fragmentos de la escena en la que estaba trabajando; o también, al contrario, puede haber usado un folio suelto donde estaba elaborando la escena XII, para envolver todo el material y volver a guardarlo, después de haber indicado de qué se trataba. De hecho, dicha portada denota dos intervenciones sucesivas, la más tardía de las cuales es indudablemente la que se refifere a Salvador Dalí.

Criterios seguidos para la edición crítica

Como se verá, la presente edición ofrece al lector y al estudioso todos los manuscritos o fragmentos que acabamos de describir. Los manuscritos se presentan en facsímil con versión depurada al frente y aparato crítico a pie de página. El principio general seguido en la elaboración del texto depurado ha sido el de intervenir lo menos posible en el original y el de usar el aparato para cualquier explicación. En primer lugar se ha debido establecer la puntuación, casi ausente. Teniendo en cuenta la peculiar puntuación de Lorca, que siempre responde a criterios teatrales más que sintácticos, hemos dejado la original añadiendo sólo lo necesario para la comprensión de los textos mismos. Algunas abreviaciones han sido extendidas, como por ejemplo, *V* por *usted; Es* por *Escena; Ca* o *Cale* por *Calesero; Lo* por *Lola; M, Ma* o *Mar* por *Marqués.* Hemos preferido respetar en líneas generales incluso la grafía, en vez de normalizarla, llevándola a criterios actuales, claramente sólo cuando se trata de un procedimiento usual y repetido (ej.: *riyendo* por *riendo*).

Cualquier otro tipo de intervención ha sido indicada o en el aparato crítico o en el interno del mismo texto definitivo, utilizando en dichos casos el signo convencional < >, que indica que la palabra o las letras contenidas entre las dos *comillas* faltan en el texto o están escritas en modo diverso y claramente erróneo. Las intervenciones críticas más importantes se encuentran principalmente en el ms. *F,* donde varias veces se ha debido elegir o decidir entre las diferentes posibilidades para establecer el texto definitivo. Algunos ejemplos: en el folio 10 se encuentra el inicio de una escena que Lorca indica como VI, es decir, repitiendo la numeración de la escena apenas concluida. Considerando las subdivisiones de los manuscritos precedentes, aunque diferentes y en prosa, nos ha parecido poder relevar con seguridad un *lapsus,* por lo que hemos corregido la indicación en *Escena VII,* aumentando, en consecuencia, todas las sucesivas hasta el final.

En los folios 11 y 12 se encuentra, como ya se ha señalado, una variante alternativa, escrita al margen de la primera versión no tachada. Ambas poseen un sentido completo, razón por la que, no existiendo posibilidad alguna de decidir cuál de las dos habría utilizado Lorca en una redacción definitiva, hemos preferido dejar en texto la primera versión y dar en las notas la segunda. Criterio análogo hemos debido seguir en la redacción del texto depurado del ms. *A,* donde, en el folio 3, aparece una variante de un texto primitivo tachado. Siendo dicha variante incompleta y discordante con la continuación de la escena, nos hemos visto obligados a dejar en texto la primera versión, aunque tachada.

En conclusión, el aparato se ocupa principalmente del conjunto de variantes y de clasificar en qué consisten las intervenciones actuadas en el texto depurado e indicadas con < >. Se trata en la mayoría de los casos de *lapsus calami,* de errores no corregidos por Lorca, ya que los corregidos no están indicados si no representan variantes ni comportan intervención alguna del editor.

Las acotaciones de Falla en el manuscrito *C* están impresas en versalitas a continuación del texto lorquiano al que se refieren. También en negrita están las intervenciones del maestro dentro del texto, como las llamadas numéricas de las notas y las variaciones aportadas a la sucesión de las escenas.

Por lo que se refiere a la sistemación gráfica del texto de los manuscritos *E* y *F,* hemos decidido seguir, entre las muchas posibilidades, el método adoptado en la primera edición de *Mariana Pineda* (1928).

Los comentarios del editor en las notas están en carácter cursiva; todo lo demás está en redondilla. El código utilizado en el aparato crítico para señalar las enmiendas es el siguiente:

<abcde>	enmienda del editor (sólo en el texto).
abcde [-abcde]	tachadura.

\abcde/	añadido entre líneas.
/abcde\	añadido en el renglón.
[abcde + fghij]	variante superpuesta.
[+ abcde]	ídem, primera versión ilegible.
[-abcde\fghij]	variante añadida entre líneas sobre palabra tachada.
[-\abcde]	ídem, primera versión ilegible.
ABCDE	acotaciones de Falla.

Dando por sentado el principio que cualquier responsabilidad recae únicamente sobre el editor, considero un deber agradecer al colega y amigo Clemente Mazzotta sus valiosas sugerencias que me han permitido establecer el presente trabajo de la manera más idónea.

PIERO MENARINI

98

Manuscrito *A*

El cochero dice al criado que guarde la calesa porque 2?
van a salir en la madrugada. ~~Espera~~ La señora
y yo esperamos en el patio interior.

El marqués cesa de escribir, retira la silla de la mesa
se frota los ojos y se va levantando lentamente. La
confidenta mientras el cochero hablaba en el cuarto
mira fijamente al marqués y observa el efecto ~~fulmina~~
te que le ha producido. ~~Esto momento~~ El cochero
nota estas miradas y sonríe. En este momento ~~al~~
entran los dos hacia dentro seguidos del marqués que
~~esta~~ muy pálidamente sugestionado.

                    Escena III
El marqués inquieto se va en cuarto. Pausa.

                    Escena IV

Entran los dos ~~coleseros~~ riéndose.

~~Hasta al~~ Tiene que interesarse el público de que.
están haciendo un viaje de novios, de que ella es una
gran comedianta y ~~el~~ él un poeta, de que al hacer
el viaje de novios se hay de divertir con el arte de ella
y la imaginación de él, que se han divertido mucho y
~~que están enamorados~~ ino— El le habla sobre las
miradas del retirarse en un lejano fondo

1 El calesero·dice al criado que guarde la calesa porque
van a salir en la madrugada. «La señora y yo te esperamos en el patio interior.»

   El marqués cesa de escribir, retira la silla de la mesa,
5 se frota los ojos y se va levantando lentamente. La comedianta, mientras el calesero habla con el criado, mira fijamente al marqués y observa el efecto fulminante que le
ha producido. El calesero nota estas miradas y sonríe.
En este momento entran los dos hacia dentro, seguidos
10 del marqués, que está completamente sugestionado.

ESCENA III

   El marqués inquieto se va <a> su cuarto. Pausa.

ESCENA IV

   Entran los dos caleseros riyéndose.
15 Tiene que enterarse el público de que están haciendo
un viaje de novios, de que ella es una gran comedianta y
él un poeta, de que al hacer el viaje de novios se han de
divertir con el arte de ella y la imaginación de él, que se
han divertido mucho, y que están enamoradísimos. Él le
20 habla sobre las miradas del petimetre con un lejano fondo

---

2 madrugada. [—Te espera]   8 producido. [—En este momen-
to]   9 momento [—el]   14 [+ca]leseros *subrayado en parte*
15 [—Mucho al] Tiene.   16 y [—ella]

de celos. Ella le anuncia que el joven aquel va a convertir
-se en el juez. Declara que ella se vengará de las miradas
que le dirigen en [...]. Por la parte alta de la escena
se oye gente ruido y los amantes se retiran, apresuradamente. Duda pero con un ligero pondo de [...]

Escena V

Aparece el marqués, inquieto con un libro y una vela en
la mano. No, meditar en el cuarto porque esta
mujer lo trae a mal traer y repite. Se vuelve a leer.
Por la otra parte de la escena aparece la comedianta
y se acerca a encender a pedir permiso para encender en
el [...] velón su candelero. Le dice que que lee y
él temblando dice [...] y el marqués temblando y
poder contestarle le alarga el libro y entonces ella lee
el título, un Romance. ¿Le gusta Ud. este roman.
Yo canto Ud. --- Ella canta + El se convierte puede
acompañarla en guitarra.
Termina el romance. Ella se despide y él diciendo
que se marcha de madrugada. Él dice tan [...]
Yo. Y ¿pesa dónde? para Cádiz, [...]
[...]
[...] dice él adiós muy indiferente --

de celos. Ella le anuncia que el joven aquel va a ser víctima del juego de ella, y que ella se vengará de las miradas
que ella sorprendió en el juego de Ronda. Por la parte
alta de la escena se siente ruido, y los amantes se retiran
25 apresuradamente. Burla, pero con un ligero fondo de
temor.

ESCENA V

Aparece el marqués inquieto con un libro y un velón
en la mano. No puede estar en el cuarto porque esa mu-
30 jer lo trae a mal traer, y suspira. Se pone a leer. Por
la otra parte de la escena aparece la comedianta y se
acerca a pedir permiso para encender en el velón su
candelero. Le dice que qué lee, y el marqués, temblando
y <sin> poder contestarle, le alarga el libro, y entonces
35 ella lee el título: «*Un Romance*». «¿Le gusta usted *este
roman<ce>? ¿Lo canta usted?...» Ella canta.* Él, si conviene, puede acompañarla en guitarra.

Termina el romance. Ella se despide diciendo que se
marcha de madrugada. Él dice: «También me voy yo.»
40 «¿Y para donde?» «Para Cádiz, si encuentro sitio en la
diligencia.» «Pues a esa ciudad voy yo <y> tengo un
sitio en mi calesa, ¿si lo queréis aprovechar?»

---

22 [sus+las]   23 \el juego de/   24 se [—oyen].   30 sus-
pira. \[—Escena de la Desesperación]/   31 acerca [—a encender]
32 el [—candil)]   33 y [—el temblando dice un rom] *repetido
y después de la tachadura*   36 +*después de* canta   38 despide
[—y el]   40 \si ... diligencia/   *de* Pues *a* aprovechar *tachado y
substituido por variante incompleta* pues yo *dice* ella adios muy indife-
rente. *Conservamos la primera redacción, puesto que la escena sigue sin
tener en cuenta la variante misma*

El marqués dice que no sportan tal honor y queda 9
avturubmado. De la criada no puede hablar y ella
sonrie mirando a su marido y se inclina la cabeza por
una ventanita ~~p~~ . Ella dice a la criada de la
ciretarina salgo. Yaste luego.

Escena VI.

Entra el calvero ~~por la~~ y se dirige hacia la puerta.
El marqués lo llama y le pregunta quien es ese señor.
Yo soy calvero de Rojala. Supongo que es una gran
dama. El marqués insiste y ~~calvero se va~~
~~Va a ser mucho tiempo~~. Sale a las cinco de la
               ~~mañana~~
Escena VII   el calvero se va.

~~El calvero~~ El marqués queda desconcertado y enamoradísimo. Suena del desvano romantico. ~~canta hasta~~
~~que cae~~ ~~Entra la~~ ~~comediante disparada de~~
~~gitana~~ ~~Cuando el marqués~~ En los tristeza que
~~llega~~ el marqués tira el velón Esa escena queda
a oscuras y el niño aparece el calvero con un
velón encendido. ¡La caballero saca un revólver y el calvero
lo detiene y le habla mal del amor

El marqués dice que no esperaba tal honor, y queda
entusiasmado. De la emoción no puede hablar, y ella
45 sonríe mirando a su marido que asoma la cabeza por
una ventanita. Ella dice: «A las *sinco* de la mañana
salgo. Hasta luego.»

ES<C>ENA VI

Entra el calesero y se dirige hacia la puerta. El mar-
50 qués lo llama y le pregunta quién es esa señora. «Yo soy
calesero de Ronda. Supongo que es una gran dama.»
El marqués insiste: «¿Va a estar mucho tiempo?» «Sale
a las cinco de la mañana.» El calesero se va.

ESCENA VII

55 El marqués queda desconcertado y enamoradísimo. Es-
<c>ena del desvarío román<ic>o. En<tre> las ton-
terías que hará el marqués, tira el velón. La escena queda
a obscuras, y al ruido aparece el calesero con un velón encendido. El caballero saca un revólver, y el calesero lo
60 detiene y le habla mal del amor

---

46 ventanita [—por una puer]   [c+s]inco   49 [—El] Entra
    calesero [—por la]   50 [El+Yo]   51 dama [...] 52 insis-
te [—y el calesero se va.] *sin tachar* y   55 [—El calesero] El
que/da\   56 romanto. [—canta hasta que cae a en Entra la comedianta disfrazada de gitana. Cuando el marques]   56 [hace+hará]
    58 [o+ob]scuras

105

Manuscrito *B*

la carta encargándole que se la dé al marqués
cuando ellos hayan partido. Va a vestirte y
ella se va.

Es ~~que~~ última

Sale el marqués de su cuarto con maletines
etc. el poeta también trae maletines. Se miran
extrañados el poeta se molesta pues la cosa se
complica. La gran puerta del fondo se abre y
aparece la calle sobre un fondo de pre-aurora.
Aparece ella radiante y se extraña de ver a
los dos juntos. Pero tras una decisión y acercándose
al marqués le dice, mirándolo. y a su vez pregunta al marqués. Vine V por fin ¿no verdad?
Señora dice el marqués Nos calamos los tres en la
calesa. Se le han caído los maletines y ellos
se dirigen cantando y se van. El marqués
avanza como loco hacia la puerta y vuelve mesándose los cabellos. el chico le da la carta la lee
en alta voz grita y ¿Telón?

1 la carta, encargándole que se la dé al marqués cuando
ellos hayan partido. «¡Ve a vestirte!» Y ella se va.

ESCENA ÚLTIMA

Sale el marqués de su cuarto con malestines, etc. El
5 poeta también trae maletines. Se miran extrañados. El
poeta se molesta pues la cosa se complica. La gran puerta
del fondo se abre y aparece la calesa sobre un fondo de
pre-aurora. Aparece ella radiante y se extraña de ver a los
dos juntos. Pero tiene una decisión, y acercándose al
10 marqués le dice: «Mi marido.» Y a su vez presenta al
marqués. «¿Viene usted por fin con nosotros?» «Señora
—dice el marqués—, no cabemos los tres en la calesa.»
Se le han caído los maletines, y ellos se dirigen cantando
y se van. El marqués avanza como loco hacia la puerta y
15 vuelve mesándose los cabellos. El chico le da la carta.
La lee en alta voz. Grita y Telón.

---

3 Es [—que se]   4 [V+S]ale   10 mi[re+ma]rido   11 [Va
+Viene]   14 [a+y]

Al lado dinero. Capitana. (buscar lo que dice
la cubana).

Final; madrigal de tres)

¿Se ha de decir que ella es comediante?
¿al principio o al final?

(para la copia dejar margen y
así poder hacer acotaciones)

Él le da dinero a la gitana. (Buscar lo que le da <a>
la cubana.)

Final. *(Madrigal de tres.)*

20   ¿Se ha de decir que ella es comedianta al principio o
al final?

(Para la copia dejar margen y así poder hacer acota·
ciones.)

---

20 comedianta [—?]

Manuscrito C

La comediante (acto unico)

Cº 1ª (1)

Venta andaluza entre Cadiz y Algeciras. Son las doce menos veinte y tres y siete segundos de la noche.

En la escena aparecen varias personas: un campesino, un contrabandista, y una vieja. A la izquierda el marques de X está escribiendo en la mesa donde escribe Mery un velon de Lucena.

Aparece un muchacho de la venta con un farolito y se dirige a [la] la puerta atrancandola.

Poco a poco van desapareciendo todos los personajes menos el marques que abstraido escribe lentamente.

En la carta dice el Marques a un su amigo de Cadiz que acaba de llegar de Inglaterra donde ha estado desterrado y que vuelve a España lleno de alegria. ¡Por fin vuelvo a Cadiz! et et.

Suenan campanillas lejanas que se van acercando hasta que se detienen en la puerta. Fuertes aldabonazos.

Sale el chico de la venta malhumorado con el farolito y abre la enorme puerta por la que aparece la calesa amarilla sobre un esplendido fondo de estrellas.

(1) Introduccion de la caña (los dos primeros) y [...] (veces agua) en intertudios sobre el tema de la presentacion a la caña. Sobre este fondo musical se desarrolla toda la escena [...] asi que la musica subraya jamas la escena.

1
La Comedianta
(Acto único)

Venta andaluza entre Cádiz y Algeciras. Son las doce
5 menos veinte y tres y siete segundos de la noche.

En la escena aparecen varias personas; un campesino,
un contrabandista y una vieja. A la izquierda el marqués
de X está escribiendo. En la mesa donde escribe hay un
velón de Lucena.

10   Aparece un muchacho de la venta con un farolito y
se dirige a la puerta atrancándola.

Poco a poco van desapareciendo todos los personajes
menos el marqués, que, abstraído, escribe lentamente.

En la carta dice el marqués a un su amigo de Cádiz que
15 acaba de llegar de Inglaterra, donde ha estado desterrado,
y que vuelve a España lleno de alegría: «¡Por fin vuelvo
a Cádiz!», etc., etc.

Suenan campanillas lejanas que se van acercando hasta
que se detienen en la puerta. Fuertes aldabonazos.

20   Sale el chico de la venta malhumorado con el farolito
y abre la enorme puerta por la que aparece la calesa amarilla sobre un espléndido fondo de estrellas.

---

(1) INTRODUCCIÓN DE LA CAÑA (LAS DOS FORMAS) Y VITO
(V.CELLO AGUDO) CON INTERLUDIOS SOBRE EL TEMA DE LA INTRO-
DUCCIÓN A LA CAÑA. SOBRE ESTE FONDO MUSICAL SE DESARROLLA
TODA LA ESCENA LIBREMENTE Y SIN QUE LA MÚSICA SUBRAYE
JAMÁS LA ACCIÓN.

---

12 a [—pu]

[—Lola]

ESCENA II

Baja la comedianta sobre la rodilla del calesero. Este
25 dice al criado que guarde la calesa y dé un pienso al caballito, puesto que han de salir en la madrugada.

El marqués cesa de escribir, retira la silla de la mesa,
se frota los ojos y se va levantando lentamente.

La comedianta, mientras el calesero habla con el cria-
30 do, mira fijamente al embobado joven y observa el fulminante efecto que le ha producido.

El calesero nota estas miradas y sonríe. En este momento entran los dos al patio interior. Ella primero, arro-
gante y altiva, y detrás el calesero, que vuelve la cabeza
35 y mira de reojo.

El marqués los sigue hasta la puerta completamente sugestionado.

ESCENA III

El marqués inquieto se va a su cuarto. (Corta pausa.)
40 Se lleva el velón y que<da> la escena iluminada por la
luna.

ESCENA IV

Entran en escena Lola (1) y el calesero riéndose. Estos
dos personajes vienen haciendo el viaje de novios. Ella
45 es una gran comedianta y él un poeta.

SIGUE LA MÚSICA DE LA ES. 1.ª, SIRVIENDO SIEMPRE DE FON-
DO A LO QUE DICE EL CALESERO Y AL RESTO DE LA ACCIÓN.

(FALSETTO.) (QUASI PARLATO.) (PARLANTE SOBRE UNA NOTA
O UNA 3.ª Ó 5.ª) EL CALESERO, EN SUS BURLAS Y RESPUESTAS A LA
COMEDIANTA, IMITÁNDOLA CUANDO ASÍ CONVENGA.

EN TODOS LOS RECITADOS SEGUIR LA FORMA A LOS PASSETTI
MÁS BIEN QUE LA DE LOS RECITATIVOS.

(1) LOLA ENTRA INICIANDO LA CANCIÓN DEL CALESERO. LUE-
GO RECITANDO SOBRE GIROS MELÓDICOS ANDALUCES DE LA ÉPO-
CA. ENTRE ÉSTOS SE DESTACA SIEMPRE

---

26 \puesto/   43 Entran [...]

3

Han decidido para divertirse que él se vista de calesero y bromear contando con el arte de ella. Él, medio en broma, medio en serio, le habla de las miradas que ha dirigido al petimetre de la venta, y ella le anuncia que
50 el joven aquel va a ser víctima de su juego y que así se vengará de los requiebros que él dirigió a una dama en Ronda.

El marido asiente a la burla, pero con un ligero fondo de temor. Toda esta escena es bajo la luz de la luna.

55   ESCENA V

Aparece el marqués inquieto con un libro en la mano y el velón en la otra. No puede dormir porque está enamoradísimo de aquella desconocida. Suspira fuertemente y se sienta para leer.
60   Por la otra parte de la escena aparece la comedianta con un candelabro en la mano. Se acerca al marqués y le pide permiso para encender en el velón. Le pregunta qué es lo que lee y el marqués, tembloroso y sin poder contestarle, le alarga el libro. Ella lee: «Un romance.» «¿Lo
65 canta usted?», pregunta el marqués contento y radiante por aquella confianza, y ella, poniéndose seria, comienza

EL COMIENZO MELÓDICO DE LA CANCIÓN CITADA. COMO FONDO, EN LA ORQUESTA, PERSISTEN LOS TEMAS DE LAS ESCENAS ANTERIORES. LA ORQUESTA, SIEMPRE CON CARÁCTER DE *SCHERZO*. (PASSETTO.)

(TAL VEZ CONVENGA UN CORTÍSIMO PERÍODO PURAMENTE MELÓDICO AMOROSO, PERO EN ESTILO ANDALUZ-CANCIÓN FINES XIII.) LUEGO SIGUE EL SCHERZO. (VER EN *FALSTAFF*, PÁGS. 245 Y 246, QUE INTERRUMPEN EL *PASSETTO*.) ID., ID., PÁGS. 95-6.

47 bromear [—para div]   50 ser [—broma del juego de ella]
   57 esta [—enamoradisimo]   62 [que + pregunta]

comienza a cantarla ante alientes. (¿guitarra?)

Después la canta bien.

Termina el romance y ella se va con el candelabro

despidiéndose para siempre con indiferencia absoluta.

(·) Romance ¡todos País-Porret. $

o nadie cantaremos (austeros) ?

Te voy .... está ....

como contento en la música

andaluz. Te voy mostrando, con

alegría sus luz dátiles. De tan

viejo vino los vigor (en fin

empiezan hoy a verse. (Cuando en la

.... de asesinato, la

violencia cobra ....

vino calmo o final

(·) Refiero en la música

lo .... casi un orgía

la vino está, de nuevo ....

ella absorbe un nuevo de

reirán. La de Este y vino,

vaga por el margen. Llee en

ella se reiterará y liberará

el calmano, en la de medley

y se indicará en la 1ª escena.

Esc. VI (2)

Entra el calano y se dirige hacia la puerta donde se supone era ella.

El marqués lo detiene y le pregunta quien era ella.

"Yo soy calano de Rondel (y nada se puede decir, creo bien

alguien ..... gran dama. ¿Pero nada habrá? ¿Y quién vino

lleva a ellas! Yo soy el marqués de R. Guernada

o, puede decir. ¿solo se que nos vamos a la amiga

de este madrugada. ¡Calemos por fin! ....

Vaya vaya niño ...¡déjalme pasar!- Ha abierto

su vid rastreando de las, indignar, de la miniatura hace

que se ha de .... viajar a mi tierra.

- Esc VII.- (3)

El marqués queda desolado mimo Escena del desvaño

(3) todo cantará indicando

Todo, la Latería, lo ....

día de ....

fin escena ....

El ....

a cantarlo entre dientes (1). (¿Guitarra?)

Después lo canta bien.

Termina el romance y ella se va con el candelabro,
' 70 despidiéndose para siempre con indiferencia absoluta.

ESCENA VI (2)

Entra el calesero y se dirige hacia la puerta donde se
supone está la calesa. El marqués lo llama y le pregunta
quién es esa dama. «Yo soy calesero de Ronda y nada
75 os puedo decir. Creo que es una gran dama.» «¿Pero
nada sabéis?» «¿Y quién sois vos para que tanto os inte-
rese esa mujer? ¡El diablo se las lleve a todas!» «Yo soy
el marqués de X.» «Pues nada os puedo decir. Sólo sé
que nos vamos a las cinco de esta madrugada.» «¡Ente-
80 raos, por Dios!...» «Vaya, vaya, señor... ¡Dejadme en
paz!» El calesero se va renegando de las mujeres y de la
hora en que se le ocurre viajar a su señora.

ESCENA VII (3)

El marqués queda desoladísimo. Escena del desvarío

(1) ROMANCE. ¿ESTILO PAÑO-PEDRELL O ESTILO CASTELLANO
(ANDANTE)? TAL VEZ CONVENGA ESTE ÚLTIMO COMO CONTRASTE
CON LA MÚSICA ANTERIOR. TAL VEZ, TAMBIÉN, CONVENGA UNIR
LOS DOS ESTILOS. DE TODOS MODOS HAY QUE VOLVER (TER-
MINADO EL ROMANCE) A LA MÚSICA DEL COMIENZO, HACIENDO
CADENCIA FINAL.

(2) REPOSO EN LA MÚSICA. ESTA ESCENA CASI SIN ORQUESTA,
LA QUE SÓLO, DE VEZ EN CUANDO, DEBE APOYAR CON ACORDES
EL RECITADO. EN ÉSTE TAL VEZ CONVENGA QUE EL *MARQUÉS*
HABLE EN ESTILO DE *RECITATIVO* ITALIANO Y EL *CALESERO,* EN EL
ESTILO ANDALUZ YA INDICADO EN LAS PRIMERAS ESCENAS.

(3) ESTILO CAVATINA ITALIANA. TODAS LAS TONTERÍAS QUE
HACE Y DICE EL MARQUÉS DEBEN TRADUCIRSE EN *TONTERÍAS* MU-

---

67 *repetido* comienza *antes de* a cantarlo   75 [—sera alguna\que
es una]   79 de [—la]   81 la [—noche esa]   82 \en/   84 El
[—qu]

romántico. En todo menos de continuo palabras
italianas y velo, luna y calavera.

Ante las hojas(?) que bajo el enamorado tira buzón.

...

(... Según el calvero —
... — ilusiones a cala —

...

— E. VIII — (Trío)

...

5

85 romántico. En su dolor mezcla de continuo palabras italianas y soles y lunas y calaveras.

Entre las tonterías que hace el enamorado, tira el velón.

ESCENA VIII

La escena queda obscura, y al ruido aparece el calesero
90 con un velón encendido. El caballero saca un revólver, y el calesero lo detiene hablándole mal del amor (1).

ESCENA IX

La comedianta, disfrazada de gitana, aparece en una puerta (2). El calesero se va con el velón, y la gitana
95 se acerca al marqués para decirle la buenaventura. Éste, muy malhumorado, le entrega al fin su mano en vista de las insinuaciones de la cañí.

Ella le pide una moneda (3) que él le entrega, y empieza a predecirle cosas terribles en desgracias de amor.
100 Entonces el marqués se desespera y despide a la gitana irritadísimo. Ella se enfurece maldiciéndolo, y aparece otra vez el calesero.

ESCENA X
(Trío)

105 El calesero (4) pregunta a la gitana el por qué de su huida, y ella le cuenta cómo aquel caballero le había despedido,

SICALES, CON MUCHAS ROULADAS, ESCALAS, ARPEGIOS, SÍNCOPAS, MUCHO *SI, SI, SI, AH, AH, AH!, NO, NO, NO.* DIÁLOGO CON FLAUTA, CLARINETE, ETC. PARODIA DEL ACOMPAÑAMIENTO ITALIANO.

ANDANTE Y CAVALETTA. AL FINAL, PREPARACIÓN DE LA CADENCIA CON NOTA ALTA TENIDA CUYA RESOLUCIÓN CORTA EL PREGÓN (GRITADO) DEL CALESERO.

(1) LA MARI JUANA.

(2) ELEMENTOS MELÓDICOS: LA *SIGUIRIYA,* LA *CAÑA* Y LA *SOLEÁ.* ESTILO GELIANAS YERBABUENA.

(3) ESTO ES MUY IMPORTANTE Y HAY QUE SUBRAYARLO. LA MONEDA DADA POR EL SUJETO ES ABSOLUTAMENTE NECESARIA PARA DECIR LA BUENA VENTURA.

(4) SIGUEN LOS ELEMENTOS MELÓDICOS ANTERIORES A LOS QUE SE UNE

---

88 *añadido por Falla*   89 [o+ob]scura   89-91 *añadido por Lorca al margen derecho y a lápiz* — Pregon del calesero— —Melones a cala—   91 de/l\ *a lápiz*   92 *añadido por Falla*   95 a[ce+ a]cerca   100 gitana [—con]   103 *añadido por Falla en substitución de Es* VIII   105 su [—huyda]

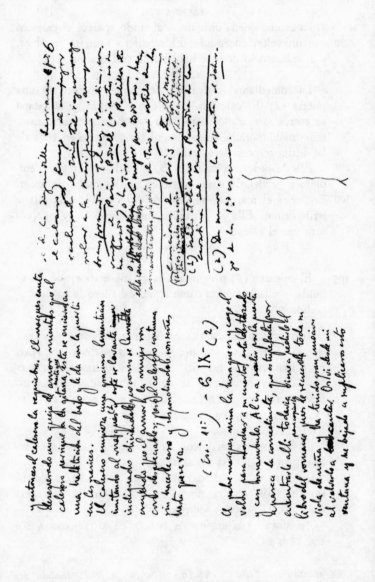

y entonces el calesero la requiebra. El marqués canta desesperado una queja de amor, mientras que el calesero
110 persigue a la gitana, hasta que ésta se encierra en una habitación del bajo y le da con la puerta en las narices.

El calesero empieza una graciosa lamentación imitando al marqués (1), y éste se levanta indignado diciéndole que cómo se lamenta, creyendo que el amor y la mujer
115 son cosas despreciables; pero el calesero continúa sin hacerle caso y respondiéndole con señas hasta que se va.

ESCENA XI (2)

El pobre marqués mira la hora que es y coge el velón para marchar a su cuarto; está destrozado y casi sonám-
120 bulo. Al ir a salir por la puerta, aparece la comedianta, que, estupefacta por encontrarle allí todavía, viene a pedirle el libro del romance para copiarlo, pues le recuerda toda su vida de niña y ha tenido gran emoción al volverlo a cantar. «Os vi desde mi ventana y he bajado a su-
125 plicaros esto,

EL DE LA SEGUIDILLA *SERRANA* (POR EL CALESERO). LUEGO, AL EMPEZAR REALMENTE EL *TRÍO* TAL VEZ CONVENGA VOLVER A LA *MARI JUANA,* AUNQUE TRANSFORMADA. TAL VEZ, TAMBIÉN, CONVENGA EL PAÑO-PEDRELL (SI ANTES NO SE HA USADO) O LA TIRANA O *PABLILLOS,* ETC., O PROBABLEMENTE MEJOR QUE TODO ESO, HACER EL *TRÍO* EN ESTILO DE LAS CANCIONES DE *PARÍS,* ETC.

EL MARQUÉS CON FRASES DE LA CAVATINA.

VALORES IGUALES, EN ACORDE LAS TRES VOCES.

(1) ESTILO ITALIANO, PARODIA DE LA CAVATINA DEL MARQUÉS.

(2) DE NUEVO, EN LA ORQUESTA, EL *SCHERZO* DE LAS PRIMERAS ESCENAS.

---

110 \hasta que/   113 levanta [—ingn]   114-115 *añadido por Lorca al margen derecho y a lápiz* ella canta desde dentro asomando la cabeza por la puerta.   117 *añadido por Falla en substitución* de Es IX
120 [su+salir]   122 \para copiarlo/   124 volverlo a [—leer]

pues ya como falta [...] las muchas no voy
a [...]. ¿Os vais? Dio el caballo melancólicamente
ni voy más [...] vos? También voy [...]
si hoy vio en la diligencia. Cuernavaca hay
sin vida; ¿si la queria aprovechar? ¡favor por favor;
el malogue se queda [en can]tado y ella rebozó
hasta luego.

— 6 X —

la señora de la alegría, [...] cavi [...] mismo estilo de Durazno
mando a [...] cuenta hoy [...] carta   ¿Cual viene de Veracruz?
faltando el alegria [...] a su [...]
lo detiene la señora relativa cubana.
Esta le [...] mayormente que se [...] por ella
que ha [...] ella que b una [...] inocente
¡Un caballero [...] darme una [...]
Y antes que un [...] Ya Vais a [...] realizar.
El mar [...] puede [...] anillo y ella le [...] la
mano y la de la [...] el estilo de su país cantando
una habanera [...] que [...] descaparecer

pues ya como falta poco para marchar, no voy a dormir.»
«¿Os vais?», dice el caballero melancólicamente. «Sí,
voy hacia Cádiz. ¿Y vos?» «También voy para Cádiz, si
hay sitio en la diligencia.» «Pues en mi calesa hay un
130 sit<i>o, ¿si lo queréis aprovechar? ¡Favor por favor »
El marqués se queda encantado, y ella se despide hasta
luego.

<ESCENA XII>

Desvarío de la alegría. Nuestro héroe canta poniendo
135 arroyuelos, auroras, pajarillos.
Saltando de alegría camina a su cuarto, cuando lo detiene la señora solterona cubana.
Ésta le ruega melosamente que se desafíe por ella,
pues ha sido ultrajada, ella que es una niña inocente.
140 «¡Oh, caballero, desafiaos por mí y dadme una prenda
vuestra que me indique que así lo vais a realizar!»
El marqué<s> puede darle un anillo, y ella le coge la
mano y le da las gracias al estilo de su país, cantándole
una habanera amorosísima que termina desmayándose

(MUY CORTO — CASI NADA).
MISMO ESTILO DEL *DESVARÍO*.
¿CARNAVAL DE VENECIA?

---

126 [por+poco]   127 [el+dice]   129 \en/   [si+un]
    130 s[e+i]   133 Es X   134 [c+n]uestro   137 [+
se]ñora   138 [—defie\desafie]   141 a [—rali]   142 marque

en sus brazos el marqués vuelve a su obscurecimiento
el cabareo que ha estado amando [...] durante toda la escena se muestra perturbada sale rápidamente — quitándose a la cautiva la banda del marqués. deja a esta libre, gira rápido hacia su iniciador del alma ligera y
libre de alborozo.

Los dos amantes se dirigen totalmente hacia una salida por cuando desaparece el marqués, ella da una fregolera, se quita la gran plema y se

XI

El cabareo llama al chivo de la posada, y le dice: prepara la cabra que nos vamos inmediatamente. Ella contesta: ¿que es lo que sucede al chivo?
"Se camino la burla del cabareo; bota del bonche, ¿está ni ni hasta que el fin reclama? ¿Pero ves a llevar ella de su cautiva? Vamos llego Juy a hacer le escribir una carta... tu voto a voto que se humilla bien. El gusto se ve y a verta inventada, novato calleja escribió la carta. Fuera a vela; Vuelve el marido y ella a le al caballo de la cabra. Ella le da villa carta encargando de Rien la dos y viene el chivo

145 en sus brazos. El marqués vuelve a su desesperación...,
pero el calesero, que ha estado asomándose durante toda
la escena por puertas <y> ventanas, sale rápidamente y,
quitando a la cubana de los brazos del marqués, deja
a éste libre, que se va rápido hacia su cuarto con el
150 alma ligera y lleno de alborozo.

Los dos amantes se dirigen lentamente hacia una salida, pero en cuanto desaparece el marqués, ella da una
repolaina, se quita la gran peluca y ríe.

<ESCENA XIII>

155 El calesero llama al chico de la posada y le dice: «Prepara la calesa que nos vamos inmediatamente.» Ella contesta: «¿Qué es esto?» y ríe. Él dice: «Se terminó la
burla del calesero, basta ya de bromas.» Ella ríe y ríe
hasta que al fin exclama: «¿Pero vas a tener celos de
160 ese currutaco? Verás lo que voy a hacer: le escribiré una
carta... Tú vete a vestirte, que esto terminará bien.»
El poeta se va a vestir, mientras ella escribe la carta.
Fuera se oyen poner los collares al caballo de la calesa.
Vuelve el marido de caballero, y ella se la lee.
165 Ríen los dos y viene el chico. Ellos le dan la carta
encargándole

OTRA VEZ FRASES *CAVATINA*.
DÚO ESTILO PERGOLESE (*sic*).

146 asomandose [—po][—en tod]   147 y [—co]   149 \se/
152 [—y\pero]   154 Es XI   158 y/a\ *a lápiz*   161 [ven+vete]
163 oyen [—los cascabeles]   164 \de caballero/

que se entregue al marqués cuando haya pintado.
El poeta suele pasa a su muzigy para que algwn a
un trio y ella te va. (Y para que algwn a

— Escena última —

Sale el marqués de su cuarto en oba bulkivas
lo que armara(?) ... besturan ot ot
el poeta también llitira dos bulla de viaje
que oba se urban ...
El poeta se rruolta pues la cosa se complica.
Ya gran pusta del puelo se abre y aparece la
calesa sobre un fondo de pre-audoura.
Sale la concebalta alegry se extraña um vos al verlo
junto, pero tiene una uteligin y acicaubdo al marqua
le preseuta – Mi marido: y a su fue prente al marqua
¿Vtue V por fin con noxotte?. "Perdona (dice el bwhbdo
marqual con su habla) en la calema cabemos los tres..
Se lo chan los malatines y los amautes rapidos y para
u tar cualquivi cosa rupitan en la calety se dary cautado.
El marqués avanza como loco hacia la punta y

que se la entregue al marqués cuando hayan partido. El
poeta mete prisa a su mujer para que aliger<e> a ves-
tir<s>e, y ella se va.

170   ESCENA ÚLTIMA

Sale el marqués de su cuarto con dos bultos por los
que asoman espadines, bastones, etc., etc.
El poeta también lleva dos bultos de viaje.
Los dos se miran extrañados.
175   El poeta se molesta, pues la cosa se complica.
La gran puerta del fondo se abre, y aparece la calesa
sobre un fondo de pre-aurora.
Sale la comedianta alegre y se extraña un poco de verlos juntos; pero tiene una decisión y, acercándose al
180   marqués, le presenta: «Mi marido», y a su vez presenta
al marqués. «¿Viene usted por fin con nosotros?» «Señora (dice el burlado marqués casi sin habla), en la calesa
no cabemos los tres.»
Se le caen los maletines, y los amantes, rápidos y para
185   evitar cualquier cosa, montan en la calesa y se van cantando.
El marqués avanza como loco hacia la puerta y

---

168 aligera   169 vestirte   171 [—con\por]   173 [ti+lleva]

y vuelve mirándose los cabellos. El muchacho el de venta le entrega la carta (?) al [...] abriéndola sobre la mesilla y el brillo. Ya se ve alta voy y se oye [...] de funebla oscura villa.

Telón especial
Madrigal

Ya orquesta continua y aparece ella novia cada plena dar las gracias, Dios ya aparece el [...] su último el indicar que [...] el madrigal final.

Telón definitivo.

vuelve mesándose los cabellos. El muchacho de la venta
le entrega la carta (1), y al abrirla salen la moneda y el
190 anillo. La lee en alta vo<z> y se cae desplomado en
una silla.

Telón especial

MADRIGAL

La orquesta continúa, y aparece ella por un lado para
195 dar las gracias; luego aparece él y por último el marqués
que cantan el madrigal final.

Telón definitivo

(1) E INMEDIATAMENTE CIERRA LA PUERTA. HASTA QUE CAE
EL TELÓN, SE OYEN LAS VOCES DE LOS NOVIOS, SOBRE EL FONDO
DE LAS CAMPANILLAS.
ELLA CANTA:

> YA SUENAN LAS CAMPANILLAS,
> MI CALESERO HA LLEGADO
> CON SU SAL Y SU SANDUNGA.

EL:

> SU MARSELLÉS REMENDADO. . .

LAS VOCES Y LAS CAMPANILLAS SE ALEJAN. SOBRE ESTE FONDO
EL MARQUÉS LEE LA CARTA, ETC., Y CAE EL TELÓN.

FINAL. ENTRADA DE LAS VOCES EN CANON Y SEGUIDILLA
FINAL ACORTA (*sic?*). PEDIMOS EL APLAUSO Y EL PERDÓN POR
LAS MUCHAS FALTAS.

---

188 *repetido* y *antes de* vuelve   189 al [—abrril]   190 voy
[en+des]plomado

Manuscrito *D*

Ya ~~encontrarla~~ (autocrítica)

El

Venta andaluza entre Cádiz y Algeciras

Noche.— Son las doce menos veinte, y seis

En la escena hay varios pasajeros, una vieja, un
un ~~campesina~~ y un campesino.

A la izquierda el marqués de X está escribiendo una
carta. Sobre la mesa donde escribe hay un velón de
~~cocina~~. Aparece un muchacho de la venta con un
farolito y se dirige a la puerta atrancándola.

Poco a poco van desapareciendo todos los pasaje-
-jos menos el marqués que abstraído escribe
lentamente.

En la carta dice el marqués a un amigo de
Cádiz que acaba de llegar de Inglaterra donde
ha estado desterrado y que vuelve a España lleno
de alegría ! Por fin vuelvo a Cádiz el ct.—
Suenan campanillas lejanas que se van
acercando hasta que se detienen en la puerta
Fuertes aldabonazos.
Sale el chico de la venta malhumorado con

La Comedianta

(Acto único)

Venta andaluza entre Cádiz y Algeciras.
5 Noche. Son las doce menos ve<i>nte y tres.
En la escena hay varias personas, una vieja, un contrabandista, un campesino.
A la izquierda el marqués de X está escribiendo una
carta. En la mesa donde escribe hay un velón de Lucena.
10 Aparece un muchacho de la venta con un farolito y se
dirige a la puerta atrancándola. Poco a poco van desapareciendo todos los personajes, menos el marqués, que
abstraído escribe lentamente.
En la carta dice el marqués a un su amigo de Cádiz
15 que acaba de llegar de Inglaterra, donde ha estado desterrado, y que vuelve a España lleno de alegría. «Por fin
vuelvo a Cádiz», etc., etc.
Suenan campanillas lejanas que se van acercando hasta
que se detienen en la puerta. Fuertes aldabonazos.
20 Sale el chico de la venta malhumorado con el

---

12 t[+o]dos   16 vuel[b+v]e   17 vuel[b+v]o

perdidos y abre la enorme puerta por la que apa-
-rece la calesa amarilla sobre un esplendido fondo
de estrellas.

C 11

Deja la comediante sobre la rodilla del calesero
Este dice al criado que guarde la calesa y de
mi pienso al caballito puesto que han de salir en
la madrugada
El marques cesa de escribir, retira la silla de la mesa
se frota los ojos y se va levantando lentamente.
La comediante mientras el calesero habla con el
criado mira fijamente al emboscado joven y
observa el plenamente efecto que le ha producido
El calesero nota estas miradas y sonrie. En este
momento entran los dos al patio Sin hacer
El marques sigue a los dos esposos pero el calesero
vuelve la cabeza y el marques avergonzado niega
el adios y se va a su cuarto, y la escena queda
iluminada por la luna.

Es III

farolito y abre la enorme puerta, por la que aparece la calesa amarilla sobre un espléndido fondo de estrellas.

ESCENA II

Baja la comedianta sobre la rodilla del calesero. Éste
25 dice al criado que guarde la calesa y dé un pienso al caballito, puesto que han de salir en la madrugada.

El marqués cesa de escribir, retira la silla de la mesa, se frota los ojos y se va levantando lentamente.

La comedianta, mientras el calesero habla con el cria-
30 do, mira fijamente al embozado joven y observa el fulminante efecto que le ha producido.

El calesero nota estas miradas y sonríe. En este momente<o> entran los dos al patio interior.

El marqués sigue a los dos esposos, pero el calesero
35 vuelve la cabeza, y el marqués avergonzado coge el velón y se va a su cuarto. (La escena queda iluminada por la luna.)

ESCENA III

---

21 faroli[yo+to]   26 caball[o+ito]   33 momente

Entran en escena Isbá y el calesero vistiéndose
Estos dos personajes vienen hablando del viaje y los novios.
ella es una gran comediante y él un poeta.
Han decidido para divertirse que él se vista de calesero y
bromear contando en el arte de ella. Al medio
en broma, medio en serio. le habla de las miradas
que ha dirigido al petimetre en la venta y ella le
anuncia que el joven aquel va a ser víctima
de su juego y así se vengará de los requiebros que el
dirigió a una dama en Ronda.
El marido asiente a la burla con un poco de temor.
(Toda esta escena es bajo la luna) —

V

Aparece el marqués inquieto con un libro en las
manos y el velón en la otra. No puede dormir por
-que está enamoradísimo de aquella desconocida
Suspira fuertemente y se sienta para leer.

Y IV

40   Entran en escena Lola y el calesero riéndose.

Estos dos personajes vienen haciendo el viaje de novios. Ella es una gran comedianta y él un poeta.

Han decidido para divertirse que él se vista de calesero, y bromear contando con el arte de ella. Él, medio en
45 broma, medio en serio, le habla de las miradas que ha dirigido al petimetre <de> la venta, y ella le anuncia que
el joven aquel va a ser víctima de su juego, y así se vengará
de los requiebros que él dirigió a una dama en Ronda.

El marido asiente a la burla, pero con un poco de
50 temor. (Toda esta escena es bajo la luna.)

ESCENA V

Aparece el marqués inquieto con un libro en la mano
y el velón en la otra. No puede dormir porque está enamoradísimo de aquella desconocida. Suspira fuertemente
55 y se sienta para leer.

---

40 [el+Lola]   44 c[a+o]ntando   [En+El]   46 petimetre la la   49 \pero/   51 Es V *tachado a tinta: guardamos la indicación de esta escena puesto que no hay otra, y según el criterio del último ms.*

Por la otra parte la escena aparece la comedianta
con un candelabro en la mano. Se acerca al marqués
le pide permiso para encender el velón. Le
pregunta que es lo que lee y el marqués tembloroso y sin poder contestarle le alarga el libro.
Ella lee y "Un romance" ¿Yo canta? pregunta el
marqués contento y radiante y aquella comedianta y ella pudiera sería con música
a cantar entre dientes. (Guitarra.) Después lo
cantaría.

Examina el romance y ella se va con el
candelabro despidiéndose para siempre con
una sonrisa absurda.

G VI

Echa el calesero y se dirige hacia la puerta
donde se supone está la calesa. El marqués
lo llama y le pregunta que quieres esta
tarde. Yo soy (calesero) de Ronda y nada

Por la otra parte <de> la escena aparece la comedianta con un candelabro en la mano. Se acerca al marqués y
le pide permiso para encender en el velón. Le pregunta
qué es lo que lee, y el marqués, tembloroso y sin poder
60 contestarle, le alarga el libro.

Ella lee: «Un romance.» «¿Lo canta usted?», pregunta el marqués contento y radiante por aquella confianza; y ella, poniéndose seria, comienza a cantarlo entre
dientes. (¿Guitarra?) Después lo canta bien.
65 Termina el romance y ella se va con el candelabro,
despidiéndose para siempre con una indiferencia absoluta.

ESCENA VI

Entra el calesero y se dirige hacia la puerta, donde se
supone está la calesa. El marqués lo llama y le pregunta
70 que quién es esa dama. «Yo soy calesero de Ronda y
nada

---

61 lee [—y]   68 donde se [—p]

y os puedo decir q q q me una gran edad
Solo se que nos vamos a las cinco de la
madrugada. Entera por dios! Vaya
Vaya por nos dijimos en paz. El cabeza
se va arrepentido de las horas del viaje.

Es VIII

El mozo que da desoladisimo. Escena del
desvanio, romantica. En su dolor vierte
sus ultimas palabras, italianas.
Entra las tortenis que hace tirar el velon y
la escena queda obscura.

Es 8ª

Al medio aparece el calesero que pregona
Melones a cala tree un velon encendido.
El caballero saca un revolver y el calesero lo
detiene hablandole mal del amor.

Es 9ª

os puedo decir. Creo que es una gran dama. Sólo sé que
nos vamos a las cinco de la madrugada.» «¡Enteraos, por
Dios!» «Vaya, vaya, señor, ¡dejadme en paz!» El calesero
75 se va, renegando de las horas del viaje.

ESCENA VII

El marqués queda desoladísimo. Escena del desvarío
romántico. En su dolor mezcla de continuo palabras italianas.
80   Entr<e> las tonterías que hace, tira el velón, y la escena queda obscura.

ESCENA VIII

Al ruido aparece el calesero que pregona *Melones a
cala.* Trae un velón encendido.
85   El caballero saca un revólver y el calesero lo detiene,
hablándole mal del amor.

ESCENA IX

---

72 y *repetido delante de* os   76 [VIII+VII]   78 [es+pala-
bras]   80 entra

Una comediante disfrazada de gitana,
aparece en cualquier puerta de la escena. O algunos se ven
con el velón. La gitana se acerca al marqués
para decirle la buena ventura. Este malhumorado
le entrega al fin su mano en vista de las invitaciones
de la chica.

Ella le pide una moneda y le dice cosas bonitas
(Escena de la buena ventura) de amor

El marqués la despide y ella se retira
maldiciéndose y aparece el calesero.

El calesero pregunta a la gitana el porqué de
venida y ella le cuenta como aquel caballero la había despedido y entonces el calesero
la requiebra. El marqués canta una gran
aria mientras el calesero persigue a la gitana. Mas que esta se acariciaba en cara

La comedianta, disfrazada de gitana, aparece en una
puerta de la escena. El calesero se <va> con el velón. La
90 gitana se acerca al marqués para decirle la buena ventura.
Éste, malhumorado, le entrega al fin su mano en vista
de las <insinuaciones> de la cañí. Ella le pide una moneda y le dice cosas terribles de amor.
    (Escena de la buena ventura.)
95   El marqués la despid<e> y ella se retira maldiciendo,
y aparece el calesero.

ESCENA X

El calesero pregunta a la gitana el por qué de <su>
huida, y ella le cuenta como aquel caballero la había des-
100 pedido, y entonces el calesero l<a> requiebra. El marqués canta una queja <de> amor, mientras el calesero
persigue a la gitana has<ta> que ésta se encierra en una
<habitación>

---

88 un/a\ [—rincon]   89 van   92 in/s\inacín   93 \de
amor/   94 Escnde   95 despida   maldiciendo [— .]   97 Es
10 *sobre dibujos*   100 le   101 qu[i+e]ja   102 has   [acer+en-
cierra]

El pobre marqués mira la hora que es y
coge el reloj para marcharse a su cuarto a
destrozado y como sonámbulo. Al ir a salir por
la puerta aparece la convediente que esta
ta por encontrarle allí todavía viene y pedirle el libro del romance para copiarlo que
le recuerda toda su niñez y ha tenido gran
emoción en oírlo y lo vi desde mi
ventana y he bajado en seguida

del bajo y le da con la puerta en las narices.

105   El calesero empieza una graciosa lamentación imitando al marqués, y éste se levanta indignado, diciéndole
que cómo se lamenta creyendo que el amor y la mujer
son cosas despreciables; pero el calesero continúa sin
hacerle caso y hablándole por señas hasta que se va.

110   ESCENA <XI>

    El pobre marqués mira la hora que es y coge el velón
para marchar a su cuarto. Está destrozado y como sonámbulo. Al ir a salir por la puerta, aparece la comedianta
que, estupefacta por encontrarle allí todavía, viene a
115 pedirle el libro del romance para copiarlo, pues le recuerda toda su niñez y ha tenido gran emoción en oírlo. «Os
vi desde mi ventana y he bajado a suplicaros al

---

110 Es I:I   116 oirlo [—a volver]

<préstamo>. Ya falta poco para marchar. No voy a dormir.» «¿Os vais?» «Sí, voy a Cádiz. ¿Y vos?» «También
120 a Cádiz, si hay sitio en la diligencia.» «Pues en mi calesa
hay un sitio, ¿si lo queréis aprovechar? Favor por favor.»
El marqués asiente. «Hasta luego.»

ESCENA <XII>

(Desvarío de la alegría. Gritos.)
125 Saltando se encamina a su cuarto, cuando lo detiene
la solterona cubana.
Ésta le ruega se desafíe por ella, pues ha sido ultrajada. Ella es una niña inocente.
«¡Oh, ca<ballero>, dadme una prenda que indique
130 que os vais a desafiar!» El marqués da un anillo, y ella da
las gracias con la *habanera*. Desmaya.
El marqués se desespera. Viene el calesero que se ha
estado asomando por todas partes y se la quita de los
brazos. El marqués se va.

---

123 Es=   129 calab...   130 ani[yo+llo]

dos amantes se dirigen lentamente hacia una
salida pero cuando llega... marqués que
repentina y quita de... ... y ...

El calvario chico se acaba la burla vamos
nos, (y que hacemos chico ella, le escribi-
remos una carta... a vestirse, ella
sabe la carta, y va a vestirse. El calvario
del... carta de... a la galante... es
Ruido de campanillas gran movimiento,
vanse. al sentir las campanillas
asoma el marqués le entrega la carta
en la mano... y el criado... grito final

Trío antifelis

135   Los amantes se dirigen lentamente hacia una salida,
      pero cuando desapare<ce> el marqués, gran repolaina,
      quite de peluca y risas.
         El calesero dice: «Se acabó la burla, ¡vámonos! ¿Y
      qué hacemos?» Dice ella: «Le escribiremos una carta.
140   Ve tú a vestirte.» Ella escribe la carta y va a vestirse.
      El calesero da la carta al chico de la cales<a>.
         Ruido de campanillas, gran movi<mi>ento y vanse.
      Al sentir las campanillas, asoma el marqués. Le entregan
      la carta con la moneda y el anillo. Grito. *Final*.

145   Trío ante telón

---

136 desapare   138 [+b]urla   141 cales   142 moviento

Manuscrito *E*

Es V

Aparece el marques inquieto con un libro
en la mano y un velón en la otra. No puedo
dormir porque esta ya enamoradísimo.
Suspira fuertemente y se sienta para leer.

~~Al aparecer el marques por la puerta ya estaba
la conschanta preparada en la otra.~~

Aparece la conschanta con un candelabro
en la mano. Se acerca muy despacito al marques

Gola — Caballero
~~Mar~~ — aparte (de pluma y tintero.)

Marques (dando un respingo) Señora
aparte (¿es verdad lo que veo?)

Gola — Perdonadme os dejais
'Encender' el candelero?
Esta noche hace mucho
viento.

Mar — (como encantado) (Oh señora) (aparte)

*(Aparece el Marqués inquieto con un libro en la mano y
un velón en la otra. No puede dormir porque está ya enamoradísimo. Suspira fuertemente y se sienta para leer.*
5 *Aparece la Comedianta con un candelabro en la mano.
Se acerca muy despacito al Marqués.)*

LOLA.   Caballero
               (Aparte.)
               (de pluma y tintero.)
10 MARQUÉS.   *(Dando un respingo.)*
                                        Señora.
               (Aparte.)
               (¿Es verdad lo que veo?)
   LOLA.   ¡Perdonad ¿Me dejáis
15   encende<r> el candelero?
               Esta noche hace mucho
               viento.
   MARQUÉS.   *(Como encantado.)*
                    ¡Oh, señora!
20   *(Aparte.)*

---

4 leer. [—Al aparecer el marques por la puerta ya estaba la comedianta preparada en la otra.]   8 [—Ma.][en+aparte]   14 me
[—d]   dejais [—e]   15 Encended

(¡Oh ninfa! ¡oh cielo!)

Lola ¿ en aquel candelero)

¿Que lee usted? (El marques valargo el
                              libro)

(ella lee) Un romance

Marques ¿No cantais?

Lola (seria y comica) ¡Silencio!

Lola —

Arbolé arbolé
seco y verde
La niña del bello rostro
~~en~~ ~~ ~~
~~que~~ ~~ ~~
esta ~~cogiendo~~ aceitunas
El viento galan de torres
La ~~rama~~ por la cintura
Pasaron cuatro jinetes
sobre ~~yeguas~~ andaluzas

                (¡Oh, ninfa! ¡Oh, cielo!)

LOLA.   *(Enciende <el> candelero.)*

                ¿Qué lee usted?

                (El Marqués le alarga el libro. Ella lee.)

25   Un romance.

MARQUÉS.   ¿Lo cantáis?

LOLA.   *(Seria y cómica)*

                      ¡Silencio!

                  Arbolé arbolé

30   seco y verdé.

        La niña del bello rostro

        está <cogiendo> aceitunas.

        El viento, galán de torres,

        la prende por la cintura.

35   Pasaron cuatro jinetes,

        sobre yeguas andaluzas,

---

23 lee [—V]   29 Lola *repetido*   31 rostro [—en la puerta de su casa   que aguardara en su ven]   32 esta [—cogiendo\—cortan]   33 [de+torres]   34 [—coge\—perde?\prende][la+por]   36 [—jacas\yeguas]

161

Vestidos de azul y verde
con largas capas y obscuras
"~~Niña~~ vante ~~en~~ ~~agasar~~"
~~por~~ Ya niña no los escucha.
'Pararon tres torerillos
delgaditos de cintura,
con trajes color naranja
y espadas de plata antigua

"Vente a Sevilla muchacha"
Ya niña no los escucha,
Ya niña del bello rostro
sigue cogiendo aceitunas
con el brazo gris de viento
ceñido en la cintura —
Arbolé arbolé
seco y verdé
                      ____

M- en estais)' ~~Nectar de~~ x puesto quedo de amor

Jola.   Adios caballero! (se va)
        (aparte) (de pluma y tinta)

M- ~~Por~~ ~~cogious~~ llevandose las mano al
                                  pecho

vestidos de azul y verde,
con largas capas obscuras.
«Vente a Córdoba, muchacha.»
40   La niña no los escucha.
Pasaron tres torerillos
delgaditos de cintura,
con trajes color naranja
y espadas de plata antigua.
45   «Vente a Sevilla, muchacha.»
La niña no los escucha.
La niña del bello rostro
sigue cogiendo aceitunas,
con el brazo gris del viento
50   ceñido por la cintura.
                Arbolé arbolé
                seco y verdé.
MARQUÉS.   (En éxtasis.)
            ¡Muerto quedo de amor!
55 LOLA.   ¡Adiós, caballero!
            (Se va.)
            (Aparte.)
            (De pluma y tintero.)
MARQUÉS.   (Llevándose las manos al pecho.)

---

39 «[—Niña] vente [—con nosotros\a Cordoba muchacha]   40
[—Pero] [1+L]a\n. no \los/ e.   43 tra[g+j]es   54 [—Nectar
de mis oidos\Muerto quedo de amor]   59 M. [—Serio cogien]

corazón está te quieto —

~~[tachado]~~

— S cesa del desvano —

Marquesa (viene corriendo hacia las candilejas

¡Oy que amor ~~puesto~~ muerto el mío!

¡Noche azul de mi existencia

~~¡Ay ~~mió~~ ten clemencia~~

¡A y mió Dio ten clemencia!

~~de mi triste sollozar~~

~~y la otra~~

Si ni ni ni ten clemencia

de mi triste sollozar —

Ya la adoro hasta la muerte

Noble tragica e sombría

Cesará la vida mía

de mi corore el ~~do~~palpitar

¡AH!

Si ni ni ni

no no no no

de mi corel palpitar.

~~saca m avolver~~ ~~[tachado]~~

el palpitar

60	Corazón, estáte quieto.
	(Escena del desvarío.)
MARQUÉS.	*(Viene corriendo hacia las candilejas.)*
	¡Oh, qué amor funesto el mío!
	¡Noche cruel de mi existencia!
65	¡Ah, mio Dio, ten clemencia
	de mi triste sollozar!
	Sí, sí, sí, sí, ten clemencia
	de mi triste sollozar.
	Ya la adoro hasta la muerte.
70	Notte trájica e sombría,
	cesará la vida mía,
	de mi cuore el palpitar.
	¡Ah!
	Sí, sí, sí, sí,
75	no, no, no, no,
	de mi cuore el palpitar.

---

60 quieto. [—¿Dices que no? cielo santo Rompete dentro del pecho]   64 existencia [—¡Ah mio \D/ ten clemencia]   65 clemencia! [—Si si si de mi penar]   66 [mi+de]   sollozar [—Yo la adoro]   70 tra[g+j]ica   72 c[o+uore]   el [—pla]   76 palpitar. [—saca un revolver   tira el velon   el palpitar]

el palpitar
el palpitar (tira la luz)

Final el calvario - (y vuelos a la calle)

Ella parte (yo me muero)
a las cinco (no es posible)
~~Te mi amor~~
~~tira mi amor imposible~~
Vuela mi amor irresistible
noche, ~~cielos~~ ~~tu la~~ cielos mar
tierra

AM
mi amor irresistible
noche tierra cielos mar

Ella parte (yo me muero)
a las cinco (no es posible.)
Ved mi amor ir<r>esistible,
80   noche, tierra, cielos, mar.
¡Ah,
mi amor ir<r>esistible,
noche, tierra, cielos, mar!

---

77 [—el palpitar   el palpitar (tira la luz)   [—...el...] el calesero. (¡Melones a [—cla]cala!] Ella *tachado a tinta*   78 posible)
[—Ve mi amor   mira mi amor imposible]   79 Ve/d\   iresistible   80 [—cielos tie\rra] [—lu\cielos]   82 iresistible   83
[ci+tierra]

Manuscrito *F*

- Lola la comedianta -

Acto unico

Venta andaluza entre Cadiz y Algeciras.
Noche. Son las doce menos veinte y tres.
En la escena hay varias personas, una vieja ~~un~~
~~contrabandista~~ un campesino. A la izquierda el marques
del ~~Puerto~~ X esta escribiendo. En la mesa donde escribe
hay un velon de Lucena. Aparece un muchacho de la venta
con un farolito y se dirige a la puerta atrancandola.
Poco a poco van desapareciendo todos los personajes menos
el marques que abstraido escribe lentamente.

Es I

Marques - Amigo vuelvo a Cadiz
al fin se acerca cansancio.
Lejos me melancolia
en los nublos de Inglaterra
Mi destierro fue largo
Pero ahora a vieja
Andalucia me ofrece
~~todas~~ sus flores fabiostas.

suenan campanillas lejanas que se van acercando hasta que
se detienen en la puerta. Fuerte aldabonazo.
Sale el chico de la venta malhumorado con el farolito

1   LOLA LA COMEDIANTA

Acto único

Venta andaluza entre Cádiz y Algeciras. Noche. Son las
doce menos veinte y tres. En la escena hay varias per-
5 sonas, una vieja, un campesino. A la izquierda el marqués
de X está escribiendo. En la mesa donde escribe hay un
velón de Lucena. Aparece un muchacho de la venta con
un farolito y se dirige a la puerta atrancándola. Poco a
poco van desapareciendo todos los personajes menos el
10 marqués, que, abstraído, escribe lentamente.

ESCENA I

MARQUÉS.   Amigo, vuelvo a Cádiz
            al fin tras larga ausencia.
            Dejé m<i> melancolía
15   en los nublos de Inglaterra.
            Mi destierro fue largo,
            pero ahora la vieja
            Andalucía me ofrece
            sus flores abiertas.

20 (Suenan campanillas lejanas que se van acercando hasta
    que se detienen en la puerta. Fuertes aldabonazos. Sale
    el chico de la venta malhumorado con el farolito

---

5 vieja [—un contrabandista]   6 de[—l Puerto]   14 me   16
M[e+i]   19 [—Todas] sus

171

y abre la enorme puerta por la que aparece una calesa ?
amarilla pintada con enormes flores rosas y hojas, verdes sobre un
esplendido fondo azul de noche y tranquilas estrellas.

¿ II

Baja de la calesa una señora sobre la rodilla del calesero.
entonces Calesero- (al criado)

<blockquote>
guarda la calesa
y da un pienso al caballo
hay tiempo de partir
todavia está estrellado
</blockquote>

El marques, cesa de escribir, retira la silla de la mesa
se frota los ojos y se va levantando lentamente   criado
La señora mientras el criado calesero habla con el
mira fijamente al embobado joven y observa el fulminante
efecto que le ha producido. El calesero, protesta estas miradas y
sonrie en este momento entran los dos al patio interior.
El marques los sigue pero el calesero vuelve la cabeza y
el marques avergonzado coge el velon y se va a su cuarto
La escena queda iluminada por la luna.

Es III

Aparece en escena corriendo Sola y el calesero detras como
persiguiendola

y abre la enorme puerta por la que aparece una calesa
amarilla, pintada con enormes flores rosas y hojas verdes,
25 sobre un espléndido fondo azul de noche y tranquil<a>s
estrellas.)

ESCENA II

(Baja de la cales<a> una señora sobre la rodilla del calesero. Entran.)

30 CALESERO.   (Al criado.)
Guarda la calesa
y da un pienso al caballo.
Nos hemos de partir
todavía estrellado.

35 (El Marqués cesa de escribir, retira la silla de la mesa, se
frota los ojos y se va lentamente. La señora, mientras el
Calesero habla con el Criado, mira fijamente al embobado joven y observa el fulminante efecto que le ha producido. El Calesero nota estas miradas y sonríe. En este
40 momento entran los dos al patio interior. El Marqués
los sigue, pero el Calesero vuelve la cabeza y el Marqués,
avergonzado, coge el velón y se va a su cuarto. La escena
queda iluminada por la luna.)

ESCENA III

45 (Aparece en escena corriendo Lola, y el Calesero detrás,
como persiguiéndola.)

---

23 [la+una]   25 [d+azul]   tranquiles   26 es/t\rellas
28 calesera   36 el [—criado]   37 [—marido\criado]   42 [—tu\su]

Recitativo

Yola. (en broma)   No está bien que un calesero
                   a una gran dama persiga—(corre)

Cale—   ¿Y si era dama es su esposa?

Yola— (cogiéndole la mano) ¡Oh la cuestión ya varía!

Cale—   ¿Cuántos días hace?

        Yola—   cuatro

  La   ¡Luna de miel y burla y sonrisa!

  La ¿Cómo te va con tu chófer?

  La. (poniéndose serio) ¡Señora es vivo a maravilla!

  Yola (riéndose) (echándole los brazos al cuello)

        Yo comedianta y tú poeta
        Vamos tejiendo burlas y risas
        Nuestro viaje de bodas.
        Por esta tierra verde y amarilla

  La.   Yo calesero que anima el caballo

  Yo. (cogiéndose la falda y dándole vuelta) yo gran señora de categoría

  (La (en broma inclinándose) ¡Con vuestro permiso pagante macqueu

  Yo— (poniéndose estirada y haciéndose aire con un enorme abanico azul)

Recitativo

LOLA.   *(En broma.)*
          No está bien que un calesero
50   a una gran dama persiga.
          (Corre.)

CALESERO. ¿Y si esa dama es su esposa?

LOLA.   *(Cogiéndole la mano.)*
          ¡Oh, la cuestión ya varía!

55 CALESERO. ¿Cuántos días hace?

LOLA.   Cuatro.

CALESERO. ¡Luna de miel, burla y sonrisa!

LOLA.   ¿Cómo te va con tu disfraz?

CALESERO. *(Poniéndose serio.)*
60   ¡Señora, os sirvo a maravilla!

LOLA.   *(Riyendo y echándolo los brazos al cuello.)*
          Yo comedianta y tú poeta,
          vamos tejiendo de burlas y risas
          nuestro gracioso viaje de bodas
65   por esta tierra verde y amarilla.

CALESERO. Yo, calesero que anima el caballo.

LOLA.   *(Infatuada, cogiéndose las faldas y dando
          la vuelta como un pavo real.)*
          Yo, gran señora de categoría.

70 CALESERO. *(En broma, inclinándose.)*
          ¡Con vuestro permiso, pagante marquesa!

LOLA.   *(Poniéndose estirada y haciéndose aire con
          un enorme abanico azul.)*

---

53 [—abrazando\cogiéndole la mano]   57 miel [—y]   59 [se
+poniéndose]   61 \riyendo y/   63 [—dejando\tejiendo de]
66 [Lo.+Ca.]   67 [—Yo\infatuada ... real)]

decid ¿qué queréis?

Ca_   (Una preguntita_

¿Porqué mirabais tanto
al petimetre que escribía? (señala la mesa)

Ja (leyendo)   Ese joven será esta noche
~~mi~~ ~~redactor~~
la víctima
de mi juego de ~~conocimiento~~
~~"El ya supongo que será una~~
~~más advertida"~~

Ca_   Temo querer demasiado_

Jo_   Me vengaré además.El otro día
dijiste seguíbais en Ronda
a una dama.

Ca_ (jugando)   ¡Mentira! (aparece el marqués)

Vamonos   ya está ~~aquí~~ el petimetre.

Jo_   Mis miradas son dos enardecitas. (se van)

— Es IV —

~~Aparece~~ Vive el marqués inquieto con un libro en la mano y el
velón en la otra! ¡No puede dormir porque está intrigadísimo

                          Decid, ¿qué queréis?
75 CALESERO.   Una preguntita.
                          ¿Por qué mirabais tanto
                          al petimetre que escribía?
                          (Señala la mesa.)
    LOLA.   *(Riyendo.)*
80   Ese joven será esta noche
                          la víctima
                          de mi juego de comedianta
                          ser<i>a y fina.
                          ¡Oh, ya verás qué burla
85   más divertida!
    CALESERO.   Temo que sea demasiado.
    LOLA.   Me vengaré además. El otro día
                          dirigiste requiebros en Ronda
                          a una dama.
90 CALESERO.   *(Riyéndose.)*
                                      ¡Mentira!
                          (Aparece el Marqués.)
                          Vámonos, ya está aquí el petimetre.
    LOLA.   Mis miradas son dos cuerdecitas.
95   *(Se van.)*

                              ESCENA IV

*(Viene el Marqués inquieto con un libro en la mano y el
velón en la otra. No puede dormir porque está intrigadísimo*

---

76 tanto [—a]   80 noche [—mi adorador]   83 [—emped]
[—empedernida\sera y [—fria] fina]   87 [; el+El]   92 [—(suena pues \ (aparece el marques)]   93 [—ahi\aqui] *a lapiz*   97
[—Aparece\Viene]   98 *de* No *a* intrigadisimo *rodeado por renglones
a lápiz.*

por aquella desconocida dama. Suspira fuertemente y se sienta 5
para leer. Aparece la comedianta con un candelabro en la
mano Jo. ¡Empieza la comedia!

(se acerca muy despacito al marqués)

Caballero.
(aparte)
(de pluma y tintero)

Marqués. (dando un respingo) ¡Señora!
(aparte) (Es verdad lo que veo)

Lola. Perdonad ¿me dejáis
encender el candelero?
esta noche hace mucho
viento.

Mar. (como encantado) ¡Oh señora! (aparte)
(¡Oh niña! ¡oh cielo!)

Lola. (enciende el candelero) ¿Qué lee usted? (y pues que le alega el
libro, ella lee!
un Romance.

Mar. ¿No cantáis?

Lola. (seria y corrida) ¡Silencio!

100   *por aquella desconocida dama. Suspira fuertemente y se*
      sienta para leer. Aparece la Comedianta con un candela-
      bro en la mano.)

      LOLA.   ¡Empieza la comedia!
                   (Se acerca muy despacito al marqués.)
105   Caballero.
                   (Aparte.)
                   (De pluma y tintero.)
      MARQUÉS.   *(Dando un respingo.)*
                   ¡Señora!
110   *(Aparte.)*
                   (¿Es verdad lo que veo?)
      LOLA.   Perdonad. ¿Me dejáis
                   encende<r> el candelero?
                   Esta noche hace mucho
115   viento.
      MARQUÉS.   *(Como encantado.)*
                   ¡Oh, señora!
                   (Aparte.)
                                   (¡Oh, ninfa! ¡Oh, cielo!)
120 LOLA.   *(Enciende el candelero.)*
                   ¿Qué lee usted?
                   (El marqués le alarga el libro. Ella lee.)
                                   Un Romance.

      MARQUÉS.   ¿Lo cantáis?
125 LOLA.   *(Seria y cómica.)*
                                   ¡Silencio!

   103-104 *de* Empieza *a* marques *rodeado por renglones a lápiz*   113
encended   122 [)+ella]

Arbolé arbolé
seco y verdé.

La niña del bello rostro
está cogiendo aceitunas
el viento galán de torres
la prende por la cintura

Pasaron cuatro jinetes
sobre jeguas andaluzas
Vestidos de azul y verde
con largas capas obscuras.
"Vente a Córdoba muchacha"
La niña no los escucha.

Pasaron tres torerillos
delgaditos de cintura
con trajes color naranja
y espadas de plata antigua
"Vente a Sevilla muchacha"
La niña no los escucha.

~~La niña del bello rostro~~
sigue cogiendo aceitunas
con el brazo gris del viento
ceñido por la cintura.
Arbolé arbolé
seco y verdé.

M (sus estrías)   Muerto quedo de amor.

Sol.—   Adios caballero
         (de pluma y tintero) (seva)

Mar— ¿ En la niña del — la niña bella;

Arbolé arbolé
seco y verdé

La niña del bello rostro
130   está cogiendo aceitunas.
El viento, galán de torres,
la prende por la cintura.

Pasaron cuatro jinetes,
sobre yeguas andaluzas,
135   vestidos de azul y verde,
con largas capas obscuras.

«Vente a Córdoba, muchacha.»
La niña no los escucha.

Pasaron tres torerillos
140   delgaditos de cintura,
con trajes color naranja
y espadas de plata antigua.

«Vente a Sevilla, muchacha.»
La niña no los escucha.

145   La niña del bello rostro
sigue cogiendo aceitunas,
con el brazo gris del viento
ceñido por la cintura.

Arbolé arbolé
150   seco y verdé.

MARQUÉS.   (*En éxtasis.*)
Muerto quedo de amor.
LOLA.   Adiós, caballero,
(de pluma y tintero.)
155   (*Se va.*)
MARQUÉS.   ¡Oh, la niña <de> rostro bello!

---

145 *verso tachado en el ms. sin substituirlo: lo guardamos porque está
en las demás versiones, incluso la de «Canciones»*   156 niña [—del]
de hoja rasgada

Es V

Entra el calesero y se dirige hacia la puerta donde se
supone está la calesa. Recitativo

Cala (aparte) Mi mujer se ríe como
una niña de seis años.

Mar   Ahisssssst ... Oiga

Cale   (aparte) no oigo! no (sigue andando)

Ma.   Chisssssst!

Cale.   ¿Señor desean algo?

Mar. (confidencialmente) ¿Quién es esa dama que trae en su calesa
que trae en calesa?

Cale.   Yo ignoro en absoluto

Mar   ¡Oh rabia!

Cale   No es extraño

        Yo vengo desde Ronda en ella; perverso
        que es una gran señora.   para su aspecto

Mar (impaciente)   ¡Entérate! Nos vamos
    cala

ESCENA V

(Entra el Calesero y se dirige hacia la puerta donde se supone está la calesa.)

160   *Recitativo*

CALESERO.   *(Aparte.)*
             Mi mujer se ríe como
             una niña de seis años.
MARQUÉS.   Chssssssst... Oiga.
165 CALESERO. *(Aparte.)*
             No oigo. ¡No!
             (Sigue andando.)
MARQUÉS.   Chsssssssst...
CALESERO.   ¿Señor, deseáis algo?
170 MARQUÉS. *(Confidencialmente.)*
             ¿Quién es esa dama que traes en calesa?
CALESERO.   Lo ignoro en absoluto.
MARQUÉS.   . ¡Oh rabia!
CALESERO.   No es extraño.
175   Yo vengo desde Ronda con ella; pero creo
             que es una gran señora.
MARQUÉS.   *(Impaciente.)*
                                     ¡Entérate!
CALESERO.   Nos vamos

---

171 calesa [—que traes en calesa?]   174 extrañ[a+o]   175
\vengo/   [—por su aspecto\pero creo]   176 un/a\

183

A las cinco sin falta.

Mar. (nerviosísimo)   ¡Pregúntale su nombre!

Ca. (yéndose)   Señor dejadme un par canción mil de a caballo

Mar. (detrás)   (s dará veinte onzas y todos mis cinturllos.

Cal. (recalcando)   Nos hemos de marchar todavía estrellados (vos)

                Cs VĴ

Es marqués queda de valadísimo. (viene corriendo hacia las
candilejas)

                ¡Oy que amor funesto el mío
                ¡Ni su nombre decir puedo
                ~~Anegado en llanto quedo~~
                ~~pregunta~~ (Rosa?)(Rita) ~~Rengonizado~~
                he esta noche ninguna.

                Ya la adoro hasta la muerte
                Por ti culpa donna fría
                cesará la vida mía
                de un cuore el palpitar.
                ¡Aŷ¡
                Si si si si
                no no no no
                De mi cuore el palpitar.

180   a las cinco sin falta.

MARQUÉS.   *(Nerviosísimo.)*

                                 ¡Pregúntale su nombre!

CALESERO.   *(Yéndose.)*

                Señor, dejadme en paz con cien mil de a
                                          [caballo.

185 MARQUÉS.   *(Detrás.)*

                Os daré veinte onzas y todos mis cintillos.

CALESERO.   *(Recalcando.)*

                Nos hemos de marchar todavía estrellado.
                (Se va.)

190   ESCENA VI

(E<l> Marqués queda desoladísimo. Viene corriendo hacia las candilejas.)

    <MARQUÉS.>   ¡Oh, qué amor funesto el mío!

                        Ni su nombre decir puedo.

195   ¿Rosa? ¿Rita? Tengo miedo

                        de esta noche singu<l>ar.

                        Ya la adoro hasta la muerte.

                        Por tu culpa, donna fría,

                        cesará la vida mía,

200   de mi cuore el palpitar.

                            ¡Ah!

                         Sí, sí, sí, sí,

                        no, no, no, no.

                        De mi cuore el palpitar.

---

191 Es   194 puedo [—Anegado en llanto quedo   Mientra]
196 singurar *corregimos el andalucismo en cuanto evidente lapsus calami*
    200 c[o+uore]

Ella parte (yo me muero)
a las cinco   (no es posible
Ved mi amor irresistible
noche tierra, cielos mar

¡Ah!   (tira el velo al suelo)
mi amor irresistible
noche tierra, cielos mar!

205   Ella parte (yo me muero)
  a las cinco (no es posible).
  Ved mi amor irresistible,
  noche, tierra, cielos, mar.
    ¡Ah!
210   *(Tira el velón al suelo.)*
  Mi amor irres<is>tible,
  ¡noche, tierra, cielos, mar!

---

211 irrestible

Es VI
Duo

Al ruido aparece el calesero ~~que~~ trae un velón encendido.

Ca   — Melones a cala —

El ~~Marques~~ saca un revolver y el calesero lo detiene

Ca—   ¡Oh señorito
        '~~Por disparate~~
        'Tened más calma
        ~~que disparate~~
        'irerás decirme
        ~~esto que es~~ para
        ~~porque~~
        Vuestros gritos inundan la casa.

Mar—   Mas todavia
        Si pudiera gritar gritaría

~~Ca~~—   '~~Y un dolor~~
        ~~destrochar vuestra voz de toro~~ '
        esa divina
        mujer ~~humana~~
        pero a las cinco
        de la mañana
(muy puesta) ¡Quien pudiera detener el alba

<ESCENA VII>

Dúo

215 *(Al ruido aparece el Calesero. Trae un velón encendido.)*

CALESERO.   Melones a cala.

*(El Marqués saca un revólver y el Calesero
lo detiene.)*

¡Oh, señorito,
220   tened más calma!
¿Queréis decirme,
por Dios, qué os pasa?
Vuestros gritos inundan la casa.
MARQUÉS.   Más todavía,
225   si pudiera gritar, gritaría.
Esa divina
mujer sin alma
parte a las cinco
de la mañana.
230   *(Muy fuerte.)*
¡Quién pudiera detener el alba!

---

213 Es VI   215 calesero [—que]   217 [Ca+Marques]   219
repetido Ca- *antes de* ¡Oh   señorito [—¡Que disparate!]   220 calma
[—Que disparate]   222 [—que es lo\por Dios]   225 gritaria [—Ca.
¡Es un dolor] [—dech\derrocheis vuestra voz de tenor!]   227 [—le-
jana \ sin alma]   231 pu[ed+di]era   a/l\ba

Ca. ¡Es un dolor
derrocháis vuestra voz de terror!
¡Oh señorito
Todas las damas
como serpientes
tienen escamas
¡Recordad la dichosa manzana!

M. Vino derecha
a mi pecho la terrible flecha—

Ca. Vea su merced
como porqué

salto y relincho
por el aire

—yo de mujeres jamás adoré—

M. Yo ~~caballero~~ calesero
a sus pies rendí capa y sombrero.

Ca. Y salga usted
y salga usted
que lo quiero ver
~~saltar y brin~~
brincar y dar saltos
¡por el aire!
¡Haciendo burla de esa mujer!

M. Toda mi vida
De sus labios está suspendida

Ca. ¡Oh señorito
salte contento
ya salga contento
y vaya a toro del
no nos vale
es un caballo que no una mujer

M. Todo es inútil
Vete a la cama

Ca. Señor enrique
que tome agua
para ver si el ungüencio
se pasa

M. ¡Oh clavelina
no pude con ella

(se sienta abatido en la
silla y apoya la cabeza a la
mesa)

CALESERO.   ¡Es un dolor
            derrochéis vuestra voz de tenor!
            ¡Oh, señorito,
235   todas las damas
            como serpientes
            tienen escamas!
            ¡Recordad la dichosa manzana!
MARQUÉS.   Vino derecha
240   a mi pecho la terrible flecha.
CALESERO.   Vea su merced
            cómo, por qué
            salto y rebrinco
            por el airé.
245   Yo a mujeres jamás adoré.
MARQUÉS.   Yo, calesero,
            a sus pies rendí capa y sombrero.
CALESERO.   Y salga usted,
            y salga usted,
250   que lo quiero ver
            brincar y dar saltos,
            ¡por el airé!,
            haciendo burla de esa mujer.
MARQUÉS.   Toda mi vida
255   de sus labios está suspendida.

---

242 qué [—Yo salto y]   245 [an+a]   246 Yo [—caballero]
248-255 *variante abierta al margen derecho:*

          Ca. Oh señorito (el ca. salta)
               salte contento
               Dej[a+e] la venta
               y [—olvide esto\ no piense en esto]
               y vayase a los toros del Puerto.
               De mas valer
               es un caballo que una \mujer/
          M.   Todo es inutil
               Vete a la cama.
          Ca. Señor conviene
               que tomeis agua
               para ver si el soponcio
               se \os/ pasa.
          M.   [—Diera mil vidas \Oh desventura]
               No poder contemplar \su hermosura/
               (se sient[e+a] abatido en la silla y apoya
               la cabeza en la mesa.)

250   ver [—saltar y brin]   255 [En+De] *a lápiz*

Mi... (voz animismo y como se va volando con desesperación) Ca (y andose con el velo) 12

Era divina
mujer sin alma
parte a las cinco
de la mañana
Si nos pudiera detener el alba
Vino clavado
a mi pecho tu terrible flecha

Con dios quedaos
Benedictas calmas!
(nunca vi tipos
de tanta gracia)
(volviendose) descubriendose reverentemente
Que es un dolor
Ser modistas siento vos de temor
(se va)

ᴖ

Es VII
| Buenaventura |

Aparece la comedianta disparo de gitana —

— Recitativo —

¿Estuvo bien disparada? (aparte)
~~en toda una~~ ~~~~
~~~~
~~el no me...~~
La primer comedia que
represento de gitana.

(Se acerca al marques)
y le toca en el hombro

Levanta era cabeza
que yo voy a adivinar
del ¿por que? le vaca gran pena

(Pianísimo y como recordando con desespe-
ración.)
Esa divina
mujer sin alma
260   parte a las cinco
de la mañana.
¡Quién pudiera detener el alba!
Vino derecha
a mi pecho la terrible flecha.

265   <ESCENA VIII>

Buenaventura

(Aparece la comedianta disfrazada de gitana.)

Recitativo

<LOLA.>   *(Aparte.)*
270   ¿Estaré bien disfrazada?
La primer comedia que
represento de gitana.
(Se acerca al Marqués y le toca en el hom-
bro.)
275   Levantá esa cabeza,
que yo voy a adiviná
el por qué de esa gran pena.

---

256 M. *repetido*   256-264 *sigue variante abierta al margen derecho:*

      Ca. (yendose con el velon)
            Con Dios quedaos
            Tened más calma!
            (nunca vi tipo
            de tanta gracia)
            (volviendo)
            Descansad señor hasta mañana
            Que es un dolor
            Derrocheis vuestra voz de tenor.
            (se va)

    265 Es VII   267 disfraza/da\   270 disfrazada? [—En toda
mi vida no   Di broma de (tanta \—tan)   El primel papel]   276
[y+que]   277 [vue+esa]

Mar- Gitana dejadme en paz

Yo- Yo soy capaz de contener
las ardillas del mar

M- Infeliz ¿tú sabes algo?

Yo- Su vida entera veréis
~~tantisima~~
con jengaño y desengaño.

Mar- Falsa eres cual tú rara

Yo- Venga esa mano veréis

Mar- Toma, deprisa, y te marchas

La Veréis dame una moneda

Ma(infatuada dice) ¡Ya me lo tendrá yo!

Yo -(entregandose) Jesús alabado sea

Cuatro caminitos tienes
en la parma de la mano
no me quisiera yo echar
por ninguno de los cuatro

Ya malvarrosa esta triste
porque no derrama oro
tu vertías triste pero tienes
~~muchisimo~~ de esto mucha razón. (el marqués se inquieta)

	MARQUÉS.	Gitana, dejadme en paz.
	LOLA.	Yo soy capaz de contaros
280		las arenillas del mar.
	MARQUÉS.	Infeliz. ¿Tú sabes algo?
	LOLA.	Su vida entera, señó,
		con engaño y desengaño.
	MARQUÉS.	Falsa eres cual tu raza.
285	LOLA.	Venga esa mano, señó.
	MARQUÉS.	Toma, deprisa y te marchas.
	LOLA.	Señó, dame una monea.
	MARQUÉS.	*(Infatuado se la da.)*
		¡Ya me lo temía yo!
290	LOLA.	*(Santiguándose.)*
		Jesús alabado sea.
		Cuatro caminitos tienes
		en la parma de la mano.
		No me quisiera yo echá
295		por ninguno de los cuatro.
		La malvarrosa está triste
		porque no derrama oló;
		tú estás triste, pero tienes
		de estarlo mucha razón.
300		*(El Marqués se inquieta.)*

---

279 [Y+Lo.]   282 señó [—Entrega]   287 m[oe+o]nea
288 [)+se la da)]   299 [—muchisimo\de estarlo]   muncha

Por tus cravos de oro _fino plata_ (la come hace como si _imitara_
Jesús de Santa María   mucho lo que lee)

Jamás ninguna mujer
te dira esta _boca es mía._ (el marqués se agita)

~~Has~~
sin caísto de rodillas
aunque fueras todo de prata
las mujeres mas perchas
te ~~aprecia~~ las españoles.

El Mar (gritando)   Gitana ~~de los~~ diablos
                              estropeada y necia
                    jorobate
                    Vete o te peso to esta villa
                    En mitat de la cabeza!

Yo— gritando ⎰ Tengo yo acaso la culpa
                 ⎱ de os prefieren las mujeres.

  Mar—(furioso) Vete ~~pronto~~ hembra impudica
                      pronto

  Yo gritando con las dos manos en la cintura)
                    Mar dario mordena
                    La tarantula te pique
                    Era lengua de ~~julio~~ — va a salir rápida y se
                         Es V̲E̲E̲   tropieza en la puerta
                                             con el calesero

(~~₩₩₩₩₩₩₩₩ calesero~~)

Por tus cravos de oro fino,
Jesús de Santa María,
(La comedianta hace como si sintiera mucho
lo que lee.)
305   jamás ninguna mujer
te dirá esta boca es mía.
(El Marqués se agita.)
Jincaíto de rodillas,
aunque fueras too de prata,
310   las mujeres más perdías
te han de gorvé las espardas.

MARQUÉS.   *(Gritando.)*
Gitana farsante y necia,
¡vete o te parto esta silla
315   en mitad de la cabeza!

LOLA.   ¿Tengo yo acaso la curpa
de <que> os juyan las mujeres?

MARQUÉS.   *(Furioso.)*
Vete presto, hembra impúdica.

320 LOLA.   *(Gritando con las dos manos en la cintura.)*
Marderío mardería,
la tarántula te pique
esa lengua de judío.
(Va a salir rápida y se tropieza en la puerta
325   *con el Calesero.)*

<ESCENA IX>

---

301 [—y plata\fino]   303 [lo+sintiera]   307 agita) [—Has
de]   309 fuer[e+a]s   311 [+g]orvé   313 [—de los dia-
blos\—estupida\farsante y necia]   316 Lo. [—gritando]   319
[—pronto\presto]   321 Marderi[a+o]   323 judi[a+o]   326
Es VIII [—(Aparece el calesero)]

Es VIII

— Frío —

Ca - guasón   ¿Donde vas tan deprisa
~~graciosa~~
                pea niña gitana?

Jo —   El señor me despide
              con malas palabras-

Ca —   Ese ~~señorito~~ no tiene
              ojos en la cara -
              o quedó ciego al verte
              morenita ~~....~~

Jo —   ¡ Gente de futraque
              Jesus nos valga !

Mar —   Si yo ~~dos tuviera~~ tres
              corazones tres almas.
              estarian ardiendo
              en honor de esa dama
              Un solo corazon
              ¡ Ay ! es una sola alma
              soy demasiado poco
              pera mis tristes glorias

              A las cinco a las cinco
              ¡ Dios mio ! de la mañana
(desespera)   A las cinco a las cinco
              que terribles palabras
              ¿ Donde caminara
              mi señora enigmatica ?

Trío

	CALESERO.	*(Guasón.)*
		¿Dónde vas tan deprisa,
330		la niña gitana?
	LOLA.	El señor me despide
		con malas palabras.
	CALESERO.	Ese hombre no tiene
		ojos en la cara,
335		o quedó ciego al verte,
		morenita.
	LOLA.	¡Gente de futraque,
		Jesús nos valga!
	MARQUÉS.	Si yo tuviera tres
340		corazones, tres almas.
		Estarían ardiendo
		en honor de esa dama.
		Un solo corazón,
		¡ay!, y una sola alma
345		son demasiado poco
		para mis tristes ansias.
		A las cinco, a las cinco,
		¡Dios mío!, de la maña<n>a.
		(Desesper<ado>.)
350		A las cinco, a las cinco,
		¡qué terribles palabras!,
		¿dónde caminará
		mi señora enigmática?

---

327 Es VIII *repetido antes de* Trio   330 [—graciosa\la niña]
333 [señor+hombre]   336 morenita [—clara tostada]   339 yo
[—tres]   348 mañaña   349 dessesper

¡ Muerto van a llevarme
Antes de que ella parta!

~~Lola~~ (color)

Ca—	Cuidado brava hembra
	de no pisar la trampa.

Jo—	¿No soso cabrero?
	Me salva el ser gitana—

Ca—	Nunca hubo más cabra
	una mujer tan guapa.

Per—	Las pobres no podemos
	vigjar como madamas.

Per	Están maravillosas
	con esas flores grana (se acerca a cogerla)

Lola (corriendo)	Suelta allá ¡que vergüenza!

Ca	Espérate—

	Jo (deteniendo)	A distancia

Ca— acercándose	Si este señor te achura
	rapidamente por	te vientes a mía casa.
	completo[?]

Jo—	~~Ha~~ Que detenimiento.

Ca—

Clo—	Idos al cuarto! (se enciesa y los [?] las puertas mirando al Mira
	cabrero)
	Ca ¡Ingrata!

		¡Muerte, ven a llevarme
355		antes de que ella parta!
	CALESERO.	Cuidado, brava hembra,
		de no pisar la trampa.
	LOLA.	¿Qué es esto, calesero?
		Me salva el ser gitana.
360	CALESERO.	Nunca honró mi calesa
		una mujer tan guapa.
	LOLA.	Las pobres no podemos
		viajar como madamas.
	CALESERO.	Estás maravillosa
365		con esas flores graná.
		(Se acerca a cogerla.)
	LOLA.	*(Corriendo.)*
		Quita allá. ¡Qué vergüenza!
	CALESERO.	Espérate.
370	LOLA.	*(Deteniéndos<e>.)*
		A distancia.
	CALESERO.	*(Acercándose rápidamente para cogerla.)*
		Si este señor te echa,
		te vienes a mi casa.
375	LOLA.	¡Qué atrevimiento!
	CALESERO.	Niña.
	LOLA.	Idos al cuerno.
		(Se encierra y da con la puerta en las narices al Calesero.)
380	CALESERO.	¡Ingrata!

---

355 parta! [—Lola (corre)]   364 [Lo.+Ca]   370 deteniendos   375 Lo. [—Atre]   [d+a]trevimiento

8

¡Oy que gus amor tan desolado
Yo me retiro a un convento
ardo a fuego fuego lento
por esa mujer sin par.
¡Ay!
si si si si si
Fuego lento
por esa mujer sin par
sin par
sin par
sin par.

Mar (saltando)   Esto es mucho cuento, oiga
Porque os lamentais tan fuerte
¿Si antes despreciabais tanto
el amor y las mujeres?

Ca- fuerte   ¡Ay!
si si si si si
Fuego lento
por esa mujer sin par
sin par
sin par
por esa mujer sin par.

Mar.-   ~~Fuego~~
~~Z~~
sufre sufre como yo
¡El amor es un infierno!
¡Habla pronto di responde

¡Oh, qué amor tan desolado!
Yo me retiro a un convento.
Ardo a fuego, fuego lento,
por esa mujer sin par.
385   ¡Ah!
      Sí, sí, sí, sí.
      Fuego lento,
por esa mujer sin par,
         sin par,
390   sin par,
         sin par.

MARQUÉS.   *(Saltando.)*
Esto es mucho cuento, ¡oiga!
¿Por qué os lamentáis tan fuerte,
395 si antes despreciabais tanto
el amor y las mujeres?

CALESERO.   *(Fuerte.)*
         ¡Ah!
      Sí, sí, sí, sí.
400   Fuego lento,
por esa mujer sin par,
         sin par,
         sin par,
por esa mujer sin par.

405 MARQUÉS. Sufre, sufre como yo.
¡El amor es un infierno!
Habla pronto, di, responde:

---

381 que [—que]   393 [muy+mucho]   405 Mar. [—Sufre
sufre como f   Tu no debes de quejar]

¿Vas a los toros del Puerto?

Ca—   Yo me retiro a mi cuarto
hecho a fuego fuego lento
por esa infeliz sin par
sin par
sin par   (se va contestando por señas)

ESC IX

se mesa los cabellos se lleva las manos al corazón
mira la hora que es

El Marques ~~las tres de~~ como sonámbulo coge el velón y
se dirige a su cuarto, cuando está al fondo de la escena aparece
la comedianta. El marques abre los brazos en cruz y ~~sale~~

M—   ¡Ay! ¡ay! ¡ah!   Recitativo

Yo—   Caballero
(de pluma y tintero)

M—   Madamita
(¡oh ninfa! ¡oh cielo!)

Yo—   Os vi desde mi cuarto
esta noche no duermo
y decidí bajar
a pediros el bello
romance que os canté
para copiar sus versos.

M—   Este libro y mi vida
señora todo es vuestro

¿Vas a los toros del Puerto?

CALESERO.   Yo me retiro a un convento.
410   Ardo a fuego, fuego lento,
             por esa mujer sin par,
                          sin par,
                          sin par.

(Se va, contestando por señas.)

415   <ESCENA X>

*(El Marqués se mesa los cabellos, se lleva las manos al
corazón y mira la hora que es. Como sonámbulo co<g>e
el velón y se dirige a su cuarto; cuando va a salir por una
puerta, se tropieza con la Comedianta. El Marqués alza*
420 *los brazos en cruz.)*

                    Recitativo

MARQUÉS.   ¡Ah! ¡Ah! ¡Ah!
LOLA.   Caballero
             (de pluma y tintero.)
425 MARQUÉS. Madamita
             (¡oh, ninfa! ¡oh, cielo!)
LOLA.   Os vi desde mi cuarto.
             Esta noche no duermo
             y decidí bajar
430   a pediros el bello
             romance que os canté
             para copiar sus versos.
MARQUÉS.   Este libro y mi vida,
             Señora, todo es vuestro.

---

415 Es IX   416-417 [—Las tres de\se ... es]   417 coje
418-419 [—esta al fondo de la escena aparece\va ... con]   420 en
[—q]   cruz [—y casi da]

L.   Muchas gracias pero yo
con el libro más contento
~~Este~~ romancillo tiene,
para mí viejo recuerdo
Yo canté ~~cuando~~ niña
y me encanta volverlo
(la encontrar)   ¡Oh señora! inclinandose

Ma-

Yo.   ~~Como marcho a las cinco~~
~~y esta noche vos dormimos~~

Yo me voy a las cinco
Antes tendréis en vuestro
poder el libro
                {Os vais}

Ma-   Temprano según veo?

Yo-   Voy a Cadiz ¿y vos?

Ma-   También a Cadiz si tengo
sitio en la diligencia

Yo - En mi cabeza un asiento
está libre ¿lo queréis?

(señalando el libro favor por favor)

(M {loco})   ~~Si quiero~~   Si quiero.

Yo-   Adios pues hasta las cinco (sevo)

Man- Señora mía ¡hasta luego!

435	LOLA.	El romancillo tiene
		para mí viejos recuerdos.
		Lo canté cuando niña
		y me encanta volverlo
		a encontrar.

435 LOLA.   El romancillo tiene
                 para mí viejos recuerdos.
                 Lo canté cuando niña
                 y me encanta volverlo
                 a encontrar.

440 MARQUÉS.   ¡Oh, señora!
                 (*Inclinándose.*)

     LOLA.   Yo me voy a las cinco.
                 Antes tendréis en vuestro
                 poder el libro.

445 MARQUÉS.   ¿Os vais?
                 Temprano, según veo.

     LOLA.   Voy a Cádiz. ¿Y vos?

     MARQUÉS.   También a Cádiz, si tengo
                 sitio en la diligencia.

450 LOLA.   En mi cales<a> un asiento
                 está libre. ¿Lo queréis?
                 (*Señalando el libro.*)
                 Favor por favor.

     MARQUÉS.   (*Loco.*)
455   Sí, quiero.

     LOLA.   Adiós, pues, hasta las cinco.
                 (*Se va.*)

     MARQUÉS.   Señora mía, ¡hasta luego!

---

435 Lo. [—Muchas gracias pero yo   con el libro me contento]
[—Este\El]   romanc[e+illo]   437 [de+cuando]   442 Lo. [—Como
marcho a las cinco   y esta noche no duermo]   450 calesera   451 esta
[—li]   454 loco) [—Sí quiero]

<u>Es X</u>

El marques da un salto enorme y empieza a correr por la
escena silbando el carneval de venecia

~~All~~
Ninfas cielos nubes ~~cantadas~~
cantad mi felicidad
Ya me marché* Ella es mia
mia mia ella sera
sera
sera

se va a su cuarto silbando -

<u>Es XI</u>

<ESCENA XI>

460 (*El Marqués da un salto enorme y empieza a correr por la escena silbando el Carnaval de Venecia.*)

<Marqués.> ¡Ninfas! ¡Cielos! ¡Nubes! ¡Hadas!
Cantad mi felicidad.
¡Ya me marcho! Ella es mía;
465 mía, mía, ella será,
será,
será.
(*Se va a su cuarto silbando.*)

<ESCENA XII>

---

459 Es X   461 venecia [—Ah]   462 nubes! [—mare]   468
c[+ua]rto   469 Es XI

Manuscrito *G*

M. Me batiré, no hay duda
    Dejadme partir el

A. Ay mi país
    palmeras y anchovas
    estrellita
    y colibrí

1 MARQUÉS. Me batiré, no hay duda.
          Dejadme partir...
  \<LOLA.\> Ay, mi país,
          palmera y ancho río,
5   estrellita
          y colorín.

---

3 *hemos puesto «Lola» en substitución de una rúbrica ilegible, pues es la comedianta, disfrazada de cubana, la que está hablando*

Salvador Dalí

la comedianta
de
Falla

1 — Salvador Dalí —

La comedianta
de
Falla

1 *en tinta*   2-4 *a lápiz*